句子迷

康永红——编著

吉林文史出版社

JILIN WENSHI CHUBANSHE

图书在版编目（CIP）数据

句子迷 / 康永红编著. -- 长春：吉林文史出版社，
2023.10

ISBN 978-7-5472-9505-2

Ⅰ.①句... Ⅱ.①康... Ⅲ.①名句－汇编－世界
Ⅳ.①H033

中国国家版本馆CIP数据核字(2023)第117536号

句子迷
JUZI MI

出 版 人　张　强
编　　著　康永红
策划编辑　吕玉萍
责任编辑　钟　杉
封面设计　韩海静
版式设计　郭红玲
出版发行　吉林文史出版社有限责任公司
地　　址　长春市净月区福祉大路5788号出版大厦
印　　刷　德富泰（唐山）印务有限公司
开　　本　670mm×960mm　　1/16
印　　张　16
字　　数　145千
版　　次　2023年10月第1版
印　　次　2023年10月第1次印刷
书　　号　ISBN 978-7-5472-9505-2
定　　价　59.00元

目 录

· 经典书摘
　　历久不衰 ·

历史喜爱英勇豪迈的事迹，同时也谴责这种事迹所造成的后果。

——儒勒·凡尔纳

如果你爱上了某个星球的一朵花。那么，只要在夜晚仰望星空，就会觉得漫天的繁星就像一朵朵盛开的花。

——圣埃克苏佩里

这是我的一个秘密，再简单不过的秘密：一个人只有用心去看，才能看到真实。事情的真相只用眼睛是看不见的。

——圣埃克苏佩里

你要是能审判好自己，你就是一个真正的智者。

——圣埃克苏佩里

每个人都可能犯错。你越想一件事，就越容易犯错。

——哈谢克

只要你是天鹅蛋，就是生在养鸡场里也没有什么关系。

——安徒生

时光流逝，童年远去，我们渐渐长大，岁月带走了许许多多的回忆，也销蚀了心底曾经拥有的那份童稚的纯真，我们不顾心灵桎梏，沉溺于人世浮华，专注于利益法则，我们把自己弄丢了。

——圣埃克苏佩里

现在我说的您要特别注意听：在别人心中存在的人，就是这个人的灵魂。这才是您本身，才是您的意识在一生当中赖以呼吸、汲取营养以致陶醉的东西，这也就是您的灵魂、您的不朽和存在于别人身上的您的生命。

——帕斯捷尔纳克

亲爱的艾妮斯，我出国，为了爱你；我留在国外，为了爱你；我回国，也是为了爱你！

——狄更斯

强迫经常使热恋的人更加铁心，而从来不能叫他们回心转意。

——冯·席勒

世界上最大的悲剧或不幸，就是一个人大言不惭地说没有人给我任何东西。每个人对生活都有索取，但是却将索取视为理所应当，不知道感恩的人能够体会到备受关心的滋味吗？生活需要一颗感恩的心来创造，一颗感恩的心需要生活来滋养。

——薄伽丘

我们的不甘落后、力争上游是因为有对手的存在，适者生存就是谁能适应环境，谁就能成为强者，而对手既能帮助我们登上成功的巅峰，又能够拖累我们失去一切，对手之间，是一种动力，也是一种统一。对手能让我们知道自己的缺憾和不足，也能让我们至臻完美不被淘汰。

——薄伽丘

在各种事物的常理中，爱情是无法改变和阻挡的，因为就本性而言，爱只会自行消亡，任何计谋都难以使它逆转。

——薄伽丘

爱上一个人并不是真的爱上了这个人的本身，而是爱上了一种感觉，而且只有这个人能够给你这种感觉。对于不爱你的人，你付出得再多，也勉强不了对方的心。

——薄伽丘

无论在什么地方工作，都不应把自己只当作公司的一名员工，而应该把自己当成公司的老板。如果你把公司的事情当成自己的事情，你就会发现以前工作的那些烦恼和不愉快都会一扫而光。

——薄伽丘

周郎妙计安天下，赔了夫人又折兵。

——罗贯中

天下大势，分久必合，合久必分。

——罗贯中

自古骄兵多致败，从来轻敌少成功。

——罗贯中

人逢喜事精神爽，闷上心来瞌睡多。

——吴承恩

良禽择木而栖，贤臣择主而事。见机不早，悔之晚矣。

——罗贯中

大丈夫处世，当努力建功立业，着鞭在先。今若不取，为他人所取，悔之晚矣。

——罗贯中

大丈夫处世，遇知己之主，外托君臣之义，内结骨肉之恩，言必行，计必从，祸福共之。

——罗贯中

宁恋本乡一捻土，莫爱他乡万两金。

——吴承恩

山高自有客行路，水深自有渡船人。

——吴承恩

经目之事，犹恐未真；背后之言，岂能全信。

——施耐庵

有缘千里来相会，无缘对面不相逢。

——施耐庵

风不来，树不动；船不摇，水不浑。

——施耐庵

醉里乾坤大，壶中日月长。

——施耐庵

都道是金玉良姻，俺只念木石前盟。空对着，山中高士晶莹雪，终不忘，世外仙姝寂寞林。叹人间，美中不足今方信；纵然是齐眉举案，到底意难平。

——曹雪芹

黄金万两容易得，知心一个也难求。

——曹雪芹

假作真时真亦假，无为有处有还无。

——曹雪芹

世事洞明皆学问，人情练达即文章。

——曹雪芹

一个是阆苑仙葩，一个是美玉无瑕。若说没奇缘，今生偏又遇着他；若说有奇缘，如何心事终虚化？

——曹雪芹

滴不尽相思血泪抛红豆，开不完春柳春花满画楼。睡不稳纱窗风雨黄昏后，忘不了新愁与旧愁。

——曹雪芹

乱哄哄，你方唱罢我登场，反认他乡是故乡；甚荒唐，到头来都是为他人作嫁衣裳。

——曹雪芹

天才和我们相距仅仅一步。同时代者往往不理解这一步就是千里，后代又盲目相信这千里就是一步。同时代为此而杀了天才，后代又为此而在天才面前焚香。

——芥川龙之介

遭受苦难的人在承受痛楚时并不能觉察到其剧烈的程度，反倒是过后延绵的折磨最能使其撕心裂肺。

——霍桑

过去的日子如轻烟，被微风吹散了，如薄雾，被初阳蒸融了。

——朱自清

热闹是他们的，我什么也没有。

——朱自清

酣眠固不可少，小睡也别有风味。

——朱自清

凡是有甜美的鸟歌唱的地方，也都有毒蛇嘶嘶地叫。

——哈代

我明天回塔拉再去想吧。那时我就能经受得住一切了。明天，我会想出一个办法把他弄回来。毕竟，明天又是新的一天呢。

——米切尔

不要为那些不愿意在你身上花费时间的人而浪费你的时间。

——米切尔

本人系疗养与护理院的居住者。我的护理员在观察我，他几乎每时每刻都监视着我：因为门上有个窥视孔，我的护理员的眼睛是那种棕色的，它不可能看透蓝眼睛的我。

——格拉斯

每当我追溯自己的青春年华时，那些日子就像是暴风雪之晨的白色雪花一样，被疾风吹得离我而去。

——纳博科夫

他发现了人类行为的一个伟大法则，但是他并不知道——也就是说，为了让一个成年人或孩子想做点儿什么，你只需要努力让它难以得到。

——马克·吐温

有一个传说，说的是有那么一只鸟儿，它一生只唱一次，那歌声比世上所有一切生灵的歌声都更加优美动听。

——麦卡洛

离开一辈子后，他又回到了自己出生的那片土地上。从小到大，他一直是那个地方的目击者。

——乔伊斯

艳阳高升，原野上的朝露很快便了无痕迹。源氏痛感人生如梦，像朝露一般，越加万念俱灰。

——紫式部

她，一位活泼天真可爱，整天笑嘻嘻的小姑娘。还有点儿淘气，是个开心果，经常把我们逗得捧腹大笑。因她的头发有点儿黄，打着卷儿，同学们就为她取了个外号叫"洋娃娃"。她文质彬彬，待人有礼貌，也平易近人，使别人很容易和她相处。

——沈从文

不许哭，做一个大人。不管有什么事都不许哭，要硬扎一点儿，结实一点儿，方配活到这块土地上。

——沈从文

人生实在是一本书，内容复杂，分量沉重，值得翻到个人所能翻到的最后一页，而且必须慢慢地翻。

——沈从文

我愿意你的幸福跟在你的偏见背后，你的顽固即是你的幸福。我愿你的理智处置你永远在幸福中。

——沈从文

我走过许多地方的路；行过许多地方的桥；看过许多次数的云；喝过许多种类的酒；却只爱过一个正当最好年龄的人。

——沈从文

经典书摘，历久不衰

离你越近的地方，路途越远；最简单的音调，需要最艰苦的练习。

——泰戈尔

当你为错过太阳而哭泣的时候，你也要再错过群星了。

——泰戈尔

蜜蜂从花中啜蜜，离开时营营地道谢，浮夸的蝴蝶却相信花是应该向他道谢的。

——泰戈尔

我们不应该不惜任何代价地去保持友谊，从而使它受到玷污。如果为了那更伟大的爱，必须牺牲友谊，那也是没有办法的事；不过如果能够保持下去，那么，它就能真的达到完美的境界了。

——泰戈尔

当我们是大为谦卑的时候，便是我们最近于伟大的时候。

——泰戈尔

没有人永远活着，没有东西可以经久。

——泰戈尔

我愿我能在横过孩子心中的道路上游行，解脱了一切的束缚；在那儿，使者奉了无所谓的使命奔走于无史的诸王的王国间；在那儿，理智以她的法律造为纸鸢而飞放，真理也使事实从桎梏中自由了。

——泰戈尔

生如夏花之绚烂，死如秋叶之静美。

——泰戈尔

没有一个人长生不老，也没有一件东西永久长存。兄弟，记住这一点而欢欣鼓舞吧。

——泰戈尔

夜把花悄悄地开放了，却让白日去领受谢词。

——泰戈尔

有了信心，你就会在你严肃的献身生活中找到乐趣。

——泰戈尔

在光明中高举，在死的阴影里把它收起。和你的星星一同放进夜的宝盒，早晨，让它在礼拜声中开放的鲜花丛里找到它自己。

——泰戈尔

不要一路留恋着采集鲜花保存起来，向前走吧，因为沿着你的路鲜花将会不断开放。

——泰戈尔

埋在地下的树根使树枝产生了果实，却并不要求什么回报。

——泰戈尔

我们一度梦见彼此是陌生人，醒来时发现彼此是相亲相爱的。

——泰戈尔

就投机钻营来说，世故的价值永远是无法比拟的。

——果戈理·亚诺夫斯基

人与人之间，最可痛心的事莫过于在你认为理应获得善意和友谊的地方，却遭受了烦扰和损害。

——拉伯雷

自从我们相遇的那一刻，你是我白天黑夜不落的星。

——莱蒙托夫

要记得在庸常的物质生活之上，还有更为迷人的精神世界，这个世界就像头顶上夜空中的月亮，它不耀眼，散发着宁静又平和的光芒。

——毛姆

你为自己获得了自由而感到欣喜，你觉得自己终于成为灵魂的主人。你仿佛在群星中昂首漫步。然后，突然你受不了了，你发现，原来自己的脚始终深陷在污泥中。你想，索性在泥潭中打滚儿。

——毛姆

镜子是骄傲的酿造器，同时也是自满的消毒器。

——夏目漱石

醉过才知酒浓，爱过才知情重；你不能做我的诗，正如我不能做你的梦。

——胡适

善良人在追求中纵然迷惘，却终将意识到有一条正途。

——歌德

今天做不成的，明天也不会做好。一天也不能虚度，要下决心把可能的事情，一把抓住并紧紧抱住，有决心就不会任其逃去，而且必然要贯彻实行。

——歌德

万事开头易，攀登的最后阶段才是最艰难的，而能够登上它的人是罕见的。

——歌德

未曾哭过长夜的人，不足以语人生。

——歌德

别对人说，除了哲士，因为俗人只知嘲讽；我要颂扬那渴望去死在火光中的生灵。在爱之夜的清凉里，你接受，又赐予生命；异样的感觉抓住你，当烛光静静地辉映。

——歌德

我要享受现实，过去的事就让它过去吧。

——歌德

跟你在一起，我就喜欢做各种的傻事。

——张爱玲

如果我和他真的结婚了，这也就不会成为一个故事了。

——张爱玲

十四年了，日子过得真快，对中年以后的人来讲，十年八年好像是指缝间的事，可是对年轻人来说，三年五年就可以是一生一世。

——张爱玲

我要你知道，在这个世界上，总有一个人是会永远等着你的。无论什么时候，无论在什么地方，总会有这么一个人。

　　　　　　　　　　　　　　　　　——张爱玲

　　伟大的艺术品不必追随潮流，他本身就能引领潮流。

　　　　　　　　　　　　　　　　——艾萨克森

　　于连看见一只雄鹰从头顶上那些巨大的山岩中展翅高飞，在长空中悄然盘旋，不时地划出一个个巨大的圆圈，于连目不转睛地凝视着这只猛禽，其动作的雄健与安详令他怦然心动，他羡慕这种力量，他羡慕这种孤独。

　　　　　　　　　　　　　　　　　——司汤达

　　我的梦想，值得我本人去争取，我今天的生活，绝不是我昨天生活的冷淡抄袭。

　　　　　　　　　　　　　　　　　——司汤达

　　可是现在的我，一边瞧不起这个人，一边又吃着人家给我的糖果，自己也感到相当困扰。

　　　　　　　　　　　　　　　　——宫泽贤治

　　你对人人都喜欢，也就是说，你对人人都漠然。

　　　　　　　　　　　　　　　——奥斯卡·王尔德

　　我总以为十八岁之后是十九岁，十九岁后是十八岁，二十岁永远不会到来。

　　　　　　　　　　　　　　　　——村上春树

　　每个人都有属于自己的一片森林，迷失的人迷失了，相逢的人会再相逢。

——村上春树

往前看的同时按部就班处理眼下事务。这点至为关键，无论做什么。

——村上春树

我将融入剧烈争斗的大人世界，要在那边孤军奋战，必须变得比任何人都坚不可摧。

——村上春树

做只快乐的猫，找个有太阳的地方安安稳稳地睡觉。不叹息过往，不忧心前路，简单自足，方能抓住眼前的幸福。

——村上春树

超过了一定年龄，所谓人生，无非是一个不断丧失的过程。对你人生很宝贵的东西会一个接一个，像梳子豁了齿一样从手中滑落。取而代之落入你手中的，全是些不值一提的伪劣品。体能、希望、理想，信念和意义或是所爱的人，一样接着一样从你身旁悄然消逝，连找个代替的东西都不容易。

——村上春树

我一直以为：人是慢慢变老的，其实不是，人是一瞬间变老的。

——村上春树

我没有时间去承担别人的生命。仅仅是承受自己的生命之重、承受自己的那份孤独，就已经竭尽全力了。

——村上春树

与人交谈的礼貌做法是谈论对方感兴趣的事情，而不是大谈特谈自己的兴趣点。

——哈珀·李

人终究是孤独的，好像人终归是要死的。

——麦卡勒斯

我或许败北，或许迷失自己，或许哪里也抵达不了，或许我已失去一切，任凭怎么挣扎也只能徒呼奈何，或许我只是徒然掬一把废墟灰烬，唯我一人蒙在鼓里，或许这里没有任何人把赌注下在我身上。无所谓。有一点是明确的：至少我有值得等待、有值得寻求的东西。

——村上春树

世界没有悲剧和喜剧之分。如果你能从悲剧中走出来，那就是喜剧；如果你沉湎于喜剧之中，那它就是悲剧。

——麦卡锡

真正的笑容只能维持片刻，接下来就只是露出牙齿而已。

——帕拉尼克

不要因为梦想太美而不敢去追求，也不要因为现实太平凡而放弃改变。

——J.K.罗琳

昨晚，我梦见自己又回到了曼陀丽庄园。

——达夫妮·杜穆里埃

我从没有爱过这世界，它对我也一样。

——拜伦

感情有理智根本无法理解的理由。

——毛姆

我听见美洲在歌唱，我听见各种不同的颂歌。

——沃尔特·惠特曼

认识自己的无知是认识世界的最可靠的方法。

——米歇尔·蒙田

自爱者方能为人所爱。

——米歇尔·蒙田

一个人只要有意志力，就能超越他的环境。

——杰克·伦敦

开发人类智力的矿藏，是少不了要由患难来促成的。

——大仲马

既然庸庸碌碌也难逃一死，何不奋起一搏？

——荷马

站在痛苦之外规劝受苦的人，是件很容易的事。

——埃斯库罗斯

不管我活着，还是我死去，我都是一只牛虻，快乐地飞来飞去。

——伏尼契

上天让我们习惯各种事物，就是用它来代替幸福。

——普希金

自己的行为最惹人耻笑的人，却永远是最先去说别人坏话的人。

——莫里哀

当然，行是行的，这固然很好，可是千万别闹出什么乱子来啊。

——契诃夫

凡是想依正路达到这深密境界的人应从幼年起，就倾心向往美的形体。

——柏拉图

现在我只信，首先我是一个人，跟你一样的一个人——至少我要学做一个人。

——易卜生

四月最残忍，从死了的土地滋生丁香，混杂着回忆和欲望，让春雨挑动着呆钝的根。

——艾略特

以天下全部学问为己任。

——弗·培根

不要放弃你的幻想。当幻想没有了以后，你还可以生存，但是你虽生犹死。

——马克·吐温

当格里高·萨姆莎从烦躁不安的梦中醒来时，发现他在床上变成了一个巨大的跳蚤。

——卡夫卡

美德犹如名香，经燃烧或压榨而其香愈烈，盖幸运最能显露恶德而厄运最能显露美德。

——培根

轻轻的我走了，正如我轻轻的来；我轻轻的招手，作别西天的云彩。那河畔的金柳，是夕阳中的新娘；波光里的艳影，在我的心头荡漾。软泥上的青荇，油油的在水底招摇；在康河的柔波里，我甘心做一条水草！

——徐志摩

寻梦？撑一支长篙，向青草更青处漫溯，满载一船星辉，在星辉斑斓里放歌。但我不能放歌，悄悄是别离的笙箫；夏虫也为我沉默，沉默是今晚的康桥。悄悄的我走了，正如我悄悄的来；我挥一挥衣袖，不带走一片云彩。

——徐志摩

真正的快乐，不是狂喜，亦不是苦痛，在我很主观地来说，它是细水长流，碧海无波，在芸芸众生里做一个普通的人，享受生命一刹那的喜悦，那么我们即使不死，也在天堂里了。

——三毛

流去的种种，化为一群一群蝴蝶，虽然早已明白了，世上的生命，大半朝生暮死，而蝴蝶也是朝生暮死的东西，可是依然为着它的色彩目眩神迷，觉着生命所有的神秘与极美已在蜕变中彰显了全部的答案。

——三毛

我唯一锲而不舍、愿意以自己的生命去努力的，只不过是保守我个人的心怀意念，在我有生之日，做一个真诚的人，不放弃对生活的热爱和执着，在有限的时空里，过无限广大的日子。

——三毛

我们一步一步走下去，踏踏实实地去走，永不抗拒生命交给我们的重负，才是一个勇者。到了蓦然回首的那一瞬间，生命必然给我们公平的答案和又一次乍喜的心情，那时的山和水，又回复了是山是水，而人生已然走过，是多么美好的一个秋天。

——三毛

你对我的百般注解和识读，并不构成万分之一的我，却是一览无遗的你自己。

——三毛

我不吃油腻的东西，我不过饱，这使我的身体清洁；我不做不可及的梦，这使我的睡眠安恬。我不穿高跟鞋折磨我的脚，这使我的步子更加悠闲安稳；我不跟潮流走，这使我的衣服永远长新；我不耻于活动四肢，这使我健康敏捷。

——三毛

我避开无事时过分热络的友谊，这使我少些负担和承诺。我不说无谓的闲言，这使我觉得清畅。我尽可能不去缅怀往事，因为来时的路不可能回头。我当心地去爱别人，这样不会泛滥。我爱哭的时候哭，我爱笑的时候笑，我不求深刻，只求简单。

——三毛

他们彼此深信，是瞬间迸发的热情让他们相遇。这样的确定是美丽的，但变化无常更为美丽。他们素未谋面，所以他们确定彼此并无瓜葛。但是，自街道、楼梯、大堂，传来的话语。他们也许擦肩而过，一百万次了吧？

——辛波丝卡

当年华已逝，你两鬓斑白，沉沉欲睡，坐在炉边慢慢打盹，请取下我的这本诗集，请缓缓读起，如梦一般，你会重温你那脉脉眼波，她们是曾经那么深情和柔美。多少人曾爱过你容光焕发的楚楚魅力，爱你的倾城容颜，或是真心，或是做戏，但只有一个人！他爱的是你圣洁虔诚的心！当你洗尽铅华，伤逝红颜的老去，他也依然深爱着你！炉里的火焰温暖明亮，你轻轻低下头去，带着淡淡的凄然，为了枯萎熄灭的爱情，喃喃低语，此时他正在千山万壑之间独自游荡，在那满天凝视你的繁星后面隐起了脸庞。

——叶芝

亲爱的，但愿我们是浪尖上一双白鸟！流星尚未陨逝，我们已厌倦了它的闪耀；天边低悬，晨光里那颗蓝星的幽光，醒了你我心中，一缕不死的忧伤。露湿的百合、玫瑰梦里逸出一丝困倦；呵，亲爱的，可别梦那流星的闪耀，也别梦那蓝星的幽光在滴露中低回：但愿我们化作浪尖上的白鸟：我和你！我心头萦绕着无数岛屿和丹南湖滨，在那里岁月会遗忘我们，悲哀不再来临。

——叶芝

有一个字经常被人亵渎。我不会再来亵渎。有一种感情被人假意鄙薄，你也不会再来鄙薄。有一种希望太似绝望，何须再加提防！你的怜悯之情无人能比，温暖着我的心。我不能给你人们所称的爱情，但不知你能否接受这颗心对你的仰慕之情，连上天也不会拒绝。犹如飞蛾扑向星星，又如黑夜追求黎明。这种思慕之情，早已跳出了人间的苦境！

——雪莱

如果冬天来了，春天还会远吗？

——雪莱

金黄色的乌云，在静息着的大地上飘扬；寥廓无声的田野，在闪耀着露珠的光芒；小溪在峡谷的阴暗处潺潺滚流，春天的雷声在遥远的地方震响，懒散的和风在白杨的树叶中间用被束缚住了的翅膀在扇动。高高的树林哑然无声，丝毫不动，绿色的黑暗的森林静默不响。只不时在深深的阴影里，一片失眠的树叶在沙沙作响。星啊，美丽的爱情的金星啊，在落霞时的火焰里闪闪发光，心里是多么轻快而又圣洁，轻快得就像是在童年时代一样。

——屠格涅夫

哦，请在今天给我们花丛中的欢乐；请不要让我们思考得太远，像那些不确定的收获；让我们留在这里，在这一年中最有生机的春天。哦，请给我们白色果园中的欢乐，不像白天的什么，只像夜晚的幽灵；让我们在幸福的蜜蜂之中，幸福，当蜂群围绕着完美的树聚集、膨胀。让我们在狂飞乱舞的鸟中，幸福，当蜂群之上突然传来他们的声音，如同针尖般的鸟嘴，流星挤进来，又冲过中间空气中安静的一朵花。

——弗罗斯特

任什么也没有春天这样美丽，摇曳的草蹿得又高又美又茂盛；画眉蛋像低小天穹，画眉的歌声，透过回响的林木把耳朵清洗，听它唱，那感觉有如闪电轰击；梨树的花朵和叶片光洁而晶莹，刷着下垂的蓝天；那个蓝真热情，真富丽；小羊也不免奔跑嬉戏。

——霍普金斯

春日火热如金，全城阳光明净！我又是我了，我重新变得年轻！我再次充满欢乐和爱情！心灵在歌唱，它渴望奔向田塍，我对所有人都以"你"相称，多么广袤！多么自由！多么好的歌儿！多么美的花朵！最好乘上四轮马车任意颠簸！最好到嫩绿的草地上去漫步！看一看农妇那红润的脸庞，把敌人当朋友来拥抱！喧哗吧，你春天的阔叶林！生长吧青草！开花吧丁香！

——谢维里亚宁

春天我不喜欢，我多么想告诉你，第一缕春光，拐过街道的墙角，像利刃一样伤害我。光裸的枝丫，在光裸的大地，投下的暗淡的影子，叫我心烦意乱，我也仿佛可能理应获得再生。

——萨巴

又是一个春天，又来一滴露水，它会在我的苦杯中滚动片时，然后又像一滴泪水那样逸去！噢，我的青春！你的欢乐已被印上时光的冰凉之吻，时光在痛苦的怀抱中窒息，时光流逝而你的痛苦却依然。噢！春天！你是只小候鸟，你是我们一时的客人，你忧伤的歌声在诗人心中、在橡树丛中回荡！又是一个春天，又来一片五月的阳光，抹到青年诗人的额上，照临人世间，照到老橡树的树冠，射到树丛之内！

——贝特朗

在沙滩上撅起瞌睡的春天，你笑了用它来装扮秀发，宛如波纹在天空撒开一片笑泡，大海静静地温暖在草色的阳光下，我的手握着你的手，你投的石子在我的天空。

——大冈信

啊！告诉我，孤独的姑娘，你在哪里，让我留在你身旁！可是你和风，你们都无家可归。我的心开放，仿佛向日葵一样，在爱与希望中向往而扩张，春天，你有何憧憬？我何时能安静？我看到白云移动，河水奔腾，太阳的金色的亲吻深深渗入我的血中；我这奇妙醉醺醺的眼睛好像进入睡梦之中，只有我耳朵还在倾听蜜蜂的嗡鸣。我想这想那，想得很多，我在憧憬，却不知憧憬什么；一半是忧，一半是喜；我的心，哦！我问你，在金绿的树枝的阴暗里，你在织着什么回忆？往昔的不可追忆。

——默里克，E.F.

馥郁的稠李树，和春天一起开放，金灿灿的树枝，像卷发一样生长。蜜甜的露珠，顺着树皮往下淌；留下辛香的绿痕，在银色中闪光。缎子般的花穗在露珠下发亮，就像璀璨的耳环，戴在美丽姑娘的耳上。在残雪消融的地方，在树根近旁的草上，一条银色的小溪，一路欢快地流淌。稠李树伸开了枝丫，发散着迷人的芬芳，金灿灿的绿痕，映着太阳的光芒。小溪扬起碎玉的浪花，飞溅到稠李树的枝杈上，并在峭壁下弹着琴弦，为她深情地歌唱。

——叶赛宁

总之，还会有人走来，逝去的不会为忧伤折磨。

——叶赛宁

这是被等待的时刻，在漫无止境地坠倒的桌子上面，灯盏松开了头发，夜晚把窗口变成无垠的空间，这里无人无名地存在包围我。

——奥克塔维奥·帕斯

笑的是她的眼睛、口唇，和唇边浑圆的旋涡。艳丽如同露珠，朵朵的笑向贝齿的闪光里躲。那是笑——神的笑，美的笑；水的映影，风的轻歌。笑的是她惺忪的鬌发，散乱地挨着她的耳朵。轻软如同花影，痒痒的甜蜜涌进了你的心窝。那是笑——诗的笑，画的笑：云的留痕，浪的柔波。

——林徽因

你是一树一树的花开，是燕在梁间呢喃，你是爱，是暖，是希望，你是人间的四月天。

——林徽因

我说你是人间的四月天，笑响点亮了四面风，轻灵在春的光艳中交舞着变。你是四月早天里的云烟，黄昏吹着风的软，星子在无意中闪，细雨点洒在花前。

——林徽因

发自未曾防范的胸怀，进入寂静而又辽阔的天地。

——艾兴多尔夫

永远作为第一次，就好像我刚刚跟你面熟，我找到了，爱你的秘诀永远作为第一次。

——安德烈·布勒东

四个季节把一年的时间填满，人的心灵也包含着四个季节。

——约翰·济慈

我什么也不说，什么也不想。无限的爱却从我的心灵深处涌出。

——兰波

年轻的朋友，让我们走在一起，大众的幸福乃是我们的目的。团结就是力量，热情才有智慧。

——亚当·密茨凯维奇

在你深邃的眼湖里，我微小的心沉溺且柔化了。我被击溃在这爱情与疯癫的湖水，怀念与忧郁的湖水午间的寂静。

——阿波里奈尔

假如生活欺骗了你，不要悲伤，不要心急！忧郁的日子里须要镇静：相信吧，快乐的日子将会来临！心儿永远向往着未来；现在却常是忧郁：一切都是瞬息，一切都将会过去；而那过去了的，就会成为亲切的怀恋。

——普希金

我曾经爱过你，爱情也许在我的心灵里还没有完全消亡，但愿它不会再去打扰你，我也不想再让你难过悲伤。我曾经默默无语，毫无指望地爱过你，我既忍受着羞怯，又忍受着嫉妒的折磨，我曾经那样真诚、那样温柔地爱过你，但愿上帝保佑你，另一个人也会像我一样地爱你。

——普希金

没有太阳，光就降临，没有大海，心潮就掀起波涛，破碎的鬼影头顶着萤火虫。没有血肉装饰的枯骨，光的手却抚爱它的肌肤。大腿上的烛火，温暖着青春，却烧焦了岁月的蓓蕾，没有种子。人的果实在星光下平滑圆润，像无花果一样辉煌。没有蜡，烛光展示它的柔发。

——狄兰·托马斯

当人们期待着的一件好东西到来的时候，它往往来得既迟缓又艰难，而且它还附带着各种各样的令人急不得恼不得的细琐麻烦的事，一切人们在幻想里没有顾及的现实的灰尘。

——托马斯·曼

倾听我如一个人听雨，不专注，不分心，轻盈的脚步，细薄的微雨，那成为空气的水，那成为时间的空气，白日还正在离开，然而夜晚必须到来。

——帕斯

世界，你一片昏暗，而生活本身就是闪电。

——帕斯

从前的游子一直没有还乡，他被那些渔火与时光拖住，一生漂流在外。

——马丁松

空气和水，没有分量的话语：我们曾是及现在是的事物，日子和年岁，这一时刻，没有分量的时间和沉甸甸的悲伤，倾听我如一个人听雨，湿淋淋的沥青在闪耀，蒸雾升起又走开，夜晚展开又看我，你就是你及你那蒸雾之躯，你及你那夜之脸，你及你的头发，从容不迫的闪电，你穿过街道而进入我的额头，水的脚步掠过我的眼睛。

——帕斯

一颗沙里看出一个世界，一朵野花里一座天堂，把无限放在你的手掌上，永恒在一刹那里收藏。

——布莱克

当我还像你一样满怀信仰和渴望，站在你的图像前，为我的泪寻找一个场所，为我的爱寻找一个世界。

——荷尔德林

晚星带回了曙光散布出去的一切，带回了绵羊，带回了山羊，带回了牧童回到母亲身边。

——萨福

不要说，当别人都在战斗，我一个人爱好和平又有何用。你并非孤单一人，你抵得上成百上千，只要点亮你的明灯，因为一团生的火焰好过一千个死的灵魂。

——鲁米

看看爱情，坠入爱河的人，如何被它纠缠。看看灵魂，他是如何融入世界，为它带来新的生命。你为何如此忙碌，忙这忙那，忙好忙坏。注意事物是如何相连，为何无所不谈。已知和未知，看看未知如何与已知相混，为何将今生和来世，分开来看，当生生世世相续延绵。

——鲁米

去的尽管去了，来的尽管来着，去来的中间，又怎样地匆匆呢？

——朱自清

我将于茫茫人海中访我唯一灵魂之伴侣；得之，我幸；不得，我命，如此而已。

——徐志摩

生活是种律动，须有光有影，有左有右，有晴有雨，滋味就含在这变而不猛的曲折里。

——老舍

友谊是两颗心真诚相待，而不是一颗心对另一颗心的敲打。

——鲁迅

我也还有记忆的，但是零落得很。我自己觉得我的记忆好像被刀刮过的鱼鳞，有些还留在身上，有些是掉到水里了，将水一搅，有几片还会翻腾、闪烁，然而中间混着血丝。

——鲁迅

不必说碧绿的菜畦，光滑的石井栏，高大的皂荚树，紫红的桑椹；也不必说鸣蝉在树叶里长吟，肥胖的黄蜂伏在菜花上，轻捷的叫天子（云雀）忽然从草间直窜向云霄里去了。单是周围的短短的泥墙根一带，就有无限趣味。油蛉在这里低唱，蟋蟀们在这里弹琴。翻开断砖来，有时会遇见蜈蚣；还有斑蝥，倘若用手指按住它的脊梁，便会啪的一声，从后窍喷出一阵烟雾。何首乌藤和木莲藤缠绕着，木莲有莲房一般的果实，何首乌有臃肿的根。有人说，何首乌根是有像人形的，吃了便可以成仙，我于是常常拔它起来，牵连不断地拔起来，也曾因此弄坏了泥墙，却从来没有见过有一块根像人样。如果不怕刺，还可以摘到覆盆子，像小珊瑚珠攒成的小球，又酸又甜，色味都比桑椹要好得远。

——鲁迅

自然赋予人们的不调和还很多，人们自己萎缩堕落退步的也还很多，然而生命决不因此回头。

——鲁迅

横眉冷对千夫指，俯首甘为孺子牛。

——鲁迅

谦以待人，虚以接物。

——鲁迅

不满足是向上的车轮。

——鲁迅

贪安稳就没有自由，要自由就要历些危险。只有这两条路。

——鲁迅

自由固不是钱所能买到的，但能够为钱而卖掉。

——鲁迅

养成他们有耐劳作的体力，纯洁高尚的道德，广博自由能容纳新潮流的精神，也就是能在世界新潮流中游泳，不被淹没的力量。

——鲁迅

生命的路是进步的，总是沿着无限的精神三角形的斜面向上走，什么都阻止他不得。

——鲁迅

使一个人的有限生命，更加有效，也即等于延长了人的生命。

——鲁迅

哪里有天才，我是把别人喝咖啡的工夫都用在了工作上了。

——鲁迅

孩子是要别人教的，毛病是要别人医的。

——鲁迅

只要思想未遭锢蔽的人，谁也喜欢子女比自己更强，更健康，更聪明高尚。

——鲁迅

长者须是指导者协商者，却不该是命令者。

——鲁迅

你若爱，生活哪里都可爱。你若恨，生活哪里都可恨。你若感恩，处处可感恩。你若成长，事事可成长。不是世界选择了你，是你选择了这个世界。

——丰子恺

读书多了，容颜自然改变，许多时候，自己可能以为许多看过的书籍都成了过眼云烟，不复记忆，其实他们仍是潜在的。在气质里，在谈吐上，在胸襟的无涯，当然也可能显露在生活和文字里。

——三毛

钟声又鸣响了，一声又一声，静谧而安详，即使在女人做新娘的那个好月份里，钟声里也总带有秋天的味道。

——福克纳

这时一种精神上的感慨油然而生，认为人生是由啜泣、抽噎和微笑组成的，而抽噎占了其中绝大部分。

——欧·亨利

世界上有这样一些幸福的人，他们把自己的痛苦化作他人的幸福，他们挥泪埋葬了自己在尘世间的希望，它却变成了种子，长出鲜花和香膏，为孤苦伶仃的苦命人医治创伤。

——比彻·斯托夫人

我明白了，我已经找到了存在的答案，我恶心的答案，我整个生命的答案。其实，我所理解的一切事物都可以归结为荒诞这个根本的东西。

——萨特

没有野心，内心就会平静。

——杨格

用友谊的耙子铲除敌视和仇恨的种子，再在原来的地方种下和谐的嫩苗。

——狄更斯

如果你爱一个人，随遇而安，让他、她自由地飞，如果最后他、她还是回到你身边，那就是命中注定的。

——狄更斯

使你忧愁的真正原因，皆由于你怀疑自己是否幸福而产生的。

——萧伯纳

在路上，永远年轻，永远热泪盈眶。

——凯鲁亚克

我曾企求成为心目中那样的人，虽未做到，却给我以慰藉。

——布朗宁

世界上最伟大的人既不是所谓有名之士，也不是依恃金钱、地位、权势而为所欲为的人，而必须是放弃一切利己心，真心献身为群众服务的人。

——柳田谦十郎

对人心有力量的东西是最能引起我们的欲望的，即对我们是有价值的东西。

——切斯特菲尔德

我们虚荣到如此地步；甚至会计较那些我们不屑一顾的人们的看法。

——杜布斯基

一个明智的人仅仅研究自然和真理是不够的，他应该敢于把真理说出来帮助少数愿意思想并且能够思想的人。

——拉·梅特里

你不应沉湎于物质的欲望，也就是说，你不应偏重某一方面的欢乐，而要注意到你一般的存续、全部的发展，要在你存在的整个一般范围内来考虑你的存在。

——狄慈根

雄心壮志是茫茫黑夜中的北斗星。

——罗·勃朗宁

我们所谓的快乐是指身体的无痛苦和灵魂的无纷扰。

——伊壁鸠鲁

对我们帮助最大的，并不是朋友们的实际帮助，而是我们坚信得到他们帮助的信念。

——伊壁鸠鲁

一个没有受到献身的热情所鼓舞的人，永远不会做出什么伟大的事情来。

——车尔尼雪夫斯基

耐心和持久胜过激烈和狂热。不管环境变换到何种地步，只有初衷与希望永不改变的人，才能最终克服困难，达到目的。

——凡尔纳

每到一个新城市，旅行者就会发现一段自己未曾经历的过去；已经不复存在的故我和不再拥有的事物的陌生感，在你所陌生的不属于你的异地等待着你。

——卡尔维诺

当他独自在森林里转悠时，与人相遇的机会虽然稀少，却能结识一些我们碰不上的人，那些交往是令人难以忘怀的。

——卡尔维诺

每个人心里都有一个由差异点组合的城，没有形貌也没有轮廓，要靠个别城市把它填满。

——卡尔维诺

无论如何，你的骰子已亮出它们的点数。我的骰子还在盒子里跳跃。

——卡尔维诺

阅读就是抛弃自己的一切意图与偏见，随时准备接收突如其来且不知来自何方的声音。

——卡尔维诺

你这一夜睡得很不安宁，时断时续。你的睡眠就像你读的这本小说：你做的梦也好像是完全重复你过去做过的梦。

——卡尔维诺

我只是尝试着过自己想要的生活而已，为何如此艰难呢？

——黑塞

人的尊严之得以存在并起作用于实践，因为他能知其不可为而为之，而他的悲剧也存在于此，因为他将受到世道常情的反抗与阻挠。

——黑塞

渴望，对世界最热烈的接触，以狂野的方式与世界再度分离，对自我黑暗灵魂的热切聆听，对奉献的陶醉，对奇妙之物的深深好奇！

——黑塞

尽管孤独常与我为伴，但随孤独感一道前来的是享受与诗兴。

——黑塞

我渴求的，无非是将心中脱颖欲出的本性付诸生活。为什么竟如此艰难呢？

——黑塞

聪明话没有任何价值，只能让人远离自己的内心。而远离自己是一种罪过。人必须像乌龟一样，能完全蜷进自己的内心世界。

——黑塞

在沙漏和枯叶之间，我不想同精神打交道，我要的是无常，我想做孩子和花。

——黑塞

我过去是，现在仍然是一个探索者，但是我不再占星问道，我开始倾听内心深处的低语。

——黑塞

在永恒中是没有时间的，永恒就是一瞬间，是刚刚足够开个玩笑的一瞬间。

——黑塞

他总是容易变得严肃认真。他是一个教育者。理性者一向不太相信他的直觉。

——黑塞

真奇怪，你可怜那腿脚慢的，却不可怜那心思慢的；可怜那目盲的，却不可怜那心盲的。

——纪伯伦

仅仅在昨天，我认为我自己只是一个碎片，无韵律地在生命的穹苍中颤抖。现在我晓得，我就是那苍穹，一切生命都是在我里面有韵律地转动的碎片。

——纪伯伦

经典书摘，历久不衰

昨天不过是今天的回忆，明天不过是今天的梦想。用记忆拥抱着过去，用希望拥抱着未来。我们活着只为的是去发现美，其他一切都是等待的种种形式。

——纪伯伦

我曾七次鄙视自己的灵魂：

第一次，当它本可进取时，却故作谦卑；

第二次，当它在空虚时，用爱欲来填充；

第三次，在困难和容易之间，它选择了容易；

第四次，它犯了错，却借由别人也会犯错来宽慰自己；

第五次，它自由软弱，却把它认为是生命的坚韧；

第六次，当它鄙夷一张丑恶的嘴脸时，却不知那正是自己面具中的一副；

第七次，它侧身于生活的污泥中，虽不甘心，却又畏首畏尾。

——纪伯伦

我是不用银河系的标准度量我的思念的，也不用回声测深与远。因为爱一旦变成思念之情，用时间测算便失去了意义。

——纪伯伦

奉献你最好的，给你的朋友。如果他定要知道你的落潮，那么也让他知道你的涨潮。只在你想消磨时光时才去寻找的朋友，难道还是朋友？

——纪伯伦

我是旅行者，我是航海者，我每天都在自己心灵里发现一片新地。

——纪伯伦

就像一片孤叶，不会未经整个大树的默许就枯黄，作恶者胡作非为的背后并非没有你们大家隐匿的允诺。

——纪伯伦

你不过是你的大我的一个碎片，一张寻求面包的嘴，一只盲目、为一张干渴的嘴举着水杯的手。

——纪伯伦

彼此相爱，但不要让爱成为束缚，让爱成为奔流于你们灵魂海岸间的大海。

——纪伯伦

我所说的话一半是没有意义的；但我说出来，为的是让你能听到那另外的一半。

——纪伯伦

每一个男子都爱着两个女人；一个是他想象的作品，

另外一个还未出生。

——纪伯伦

有些人快乐地施与，这快乐就是他们的回报。有些人痛苦地施与，这痛苦就是他们的洗礼。

——纪伯伦

我渴望来世，因为在那里我会与我未写出的诗和未画出的画相聚。

——纪伯伦

生命的确是黑暗，除非有盼望，而一切的盼望都是盲目，除非有知识，而一切的知识都是枉然，除非有工作，而一切的工作都是空虚，除非有爱。

——纪伯伦

我永远漫步在这海岸，在细沙和泡沫之间，高涨的潮水抹去我的足迹，海风也将泡沫拂走，但是，海与岸将会永恒。

——纪伯伦

我可以谈谈你们身上的善，却无法诉说恶。因为恶难道不就是被自己的饥渴折磨的善吗？

——纪伯伦

没有，我们没有白活，他们不是把我们的骨头堆成堡垒了吗?

——纪伯伦

欢乐的时候，我们就放声地笑，悲痛的时候，我们就用泪水尽情宣泄。

——纪伯伦

幽默往往是一副面具；你一旦将之扯下，便会发现一种被激怒的天赋或一种被扭曲的聪慧。

——纪伯伦

当智慧骄傲到不肯哭泣，庄严到不肯欢乐，自满到不肯看人的时候，就不成为智慧了。

——纪伯伦

我宁可做人类中有梦想和有完成梦想的愿望的、最渺小的人，而不愿做一个最伟大的、无梦想、无愿望的人。

——纪伯伦

你要承受你心天的季候，如同你常常承受从田野上度过的四时。你要静守，度过你心里凄凉的冬日。

——纪伯伦

我鄙视了自己的灵魂：她容忍了软弱，而把她的忍受称为坚强。

——纪伯伦

你不能吃得多过你的食欲。那一半食粮是属于别人的，而且也还要为不速之客留下一点面包。

——纪伯伦

多么奇怪的一个自欺的方式！有时我宁愿受到损害和欺骗，好让我嘲笑那些以为我不知道我是被损害、欺骗了的人。

——纪伯伦

奉献你们的心，但并不是要你们紧握住对方的心不放。因为只有生命的手才能握紧你们的心。

——纪伯伦

树木是大地写上天空中的诗。我们把它们砍下来做成纸，让我们可以把我们的空洞记录下来。

——纪伯伦

千年以前，我的邻居对我说："我厌恶生命，因为它只包含痛苦。"昨天，我走过一处坟墓，看见生命在他的墓上翩翩起舞。

——纪伯伦

诗不是表达某种见解，它是从流血的伤口或微笑的唇间涌出的一首歌。

——纪伯伦

在记忆中，距离是不存在的；而存在于遗忘中的距离，则是你的声音及眼睛无法缩短的。

——纪伯伦

一个人甘心情愿地给自己立一条严格的规矩，并且坚持到底，因为无论对他还是对别人，没有这条规矩他将不是他自己。

——卡尔维诺

对于远方的思念、空虚感、期待，这些思想本身可以绵延不断，比生命更长久。

——卡尔维诺

你可以在思想上漫游、迷路、停下来享受凉风，然后离开。

——卡尔维诺

我探察的目的在于；搜寻尚可依稀见到的幸福欢乐的踪迹，测量它缺失的程度。如果你想知道周围有多么黑暗，你就得留意远处的微弱光线。

——卡尔维诺

我们两个都无视大人们的恼怒，寻找与人们设计的道路不同的出路。

——卡尔维诺

你以为自己在享受整个阿纳斯塔西亚，其实你只不过是她的奴隶。

——卡尔维诺

假如每个城都是一局棋，虽然我永远不可能完全熟悉所有的城，只要学懂了规则，还是可以真正拥有帝国的。

——卡尔维诺

你喜欢一座城，不在于它有七种或是七十种奇景，只在于它对你的问题所提示的答案。

——卡尔维诺

城市就像梦境，是希望与畏惧建成的，尽管她的故事线索是隐含的，组合规律是荒谬的，透视感是骗人的，并且每件事物中都隐藏着另外一件。

——卡尔维诺

爱情的故事往往是平凡的，正如春雨秋霜那样平凡。

——老舍

怜比爱少着些味道，可是更多着些人情。

——老舍

一个真认识自己的人，就没法不谦虚。谦虚使人的心缩小，像一个小石卵，虽然小，而极结实。结实才能诚实。

——老舍

骄傲自满是我们的一座可怕的陷阱，而且，这个陷阱是我们自己亲手挖掘的。

——老舍

　　家庭不是别的，正是人类自己。

——叶夫图申科

　　这是一沟绝望的死水，清风吹不起半点漪沦。不如多扔些破铜烂铁，爽性泼你的剩菜残羹。也许铜的要绿成翡翠，铁罐上绣出几瓣桃花；再让油腻织一层罗绮，霉菌给他蒸出些云霞；让死水酵成一沟绿酒，漂满了珍珠似的白沫；小珠们笑声变成大珠，又被偷酒的花蚊咬破。那么一沟绝望的死水，也就夸得上几分鲜明；如果青蛙耐不住寂寞，又算死水叫出了歌声。这是一沟绝望的死水，这里断不是美的所在，不如让给丑恶来开垦，看他造出个什么世界。

——闻一多

　　大雨可以延迟我们到达的时间，但不能阻止我们前进。

——卢梭

　　我在女人跟前经常失败，就是由于我太爱她们了。

——卢梭

　　最盲目的服从乃是奴隶们所仅存的唯一美德。

——卢梭

凡是教师缺乏爱的地方，无论品格还是智慧都不能充分地或自由地发展。

——卢梭

是生而自由的，但却无往不在枷锁之中。自以为是其他一切的主人的人，反而比其他一切更是奴隶。

——卢梭

真诚的爱情的结合是一切结合中最纯洁的。

——卢梭

生命不等于是呼吸，生命是活动。

——卢梭

为了能够和敢于说出伟大的真理，就绝不能屈从于对成功的追求。

——卢梭

我的心与大海相似，有风暴也有潮汐，但许多美丽的珍珠，就藏在海底。

——海涅

暴风雨将要在那一天，甚至把一些槲树吹倒，一些教堂的高塔要倒塌，一些宫殿也将要动摇！

——海涅

伪装成天真无邪的乐天外表，使自己一步一步地彻底变成了一个滑稽逗笑的畸形人。

——太宰治

所谓世人，不就是你吗？

——太宰治

世间的情爱何其多，有人可以虚掷一生共同生活却不知道彼此的姓名。

——温特森

过去都是假的，回忆是一条没有归途的路，以往的一切春天都无法复原，即使最狂热最坚贞的爱情，归根结底也不过是一种瞬息即逝的现实，唯有孤独永恒。

——马尔克斯

我们趋行在人生这个亘古的旅途，在坎坷中奔跑，在挫折里涅槃，忧愁缠满全身，痛苦飘洒一地。我们累，却无从止歇；我们苦，却无法回避。

——马尔克斯

所有人都显得很寂寞，用自己的方式想尽办法排遣寂寞，事实上仍是延续自己的寂寞。寂寞是造化对群居者的诅咒，孤独才是寂寞的唯一出口。

——马尔克斯

生命从来不曾离开过孤独而独立存在。无论是我们出生、我们成长、我们相爱还是我们成功失败，直到最后的最后，孤独犹如影子一样存在于生命一隅。

——马尔克斯

有的人想睡觉，但不是因为困倦，而是出于对睡觉的怀念。

——马尔克斯

生命中真正重要的不是你遭遇了什么，而是你记住了哪些事，又是如何铭记的。有时两人会一直默默坐到傍晚，面对着面，彼此凝视，在静谧中相爱，并不比当初在癫狂中相爱减色。

——马尔克斯

我宁愿靠自己的力量，打开我的前途，而不愿求有力者垂青。

——雨果

没有被听见不是沉默的理由。

——雨果

释放无限光明的是人心，制造无边黑暗的也是人心，光明和黑暗交织着、厮杀着，这就是我们为之眷恋而又万般无奈的人世间。

——雨果

世界上最宽阔的是海洋，比海洋更宽阔的是天空，比天空更宽阔的是人的心灵。我们在实际的事物中摧毁了旧的制度，在思想领域中却没能把它完全铲除掉。消灭恶习是不够的，还必须转移风气。风车已经不存在了，风却还存在。

——雨果

脸色是内心状态的反映，认为人的思想意识没有颜色是错误的。他的容貌显然是一种特殊的内心状态的流露。

——雨果

这是黄昏的太阳，我们却把它当成了黎明的曙光。

——雨果

一个独眼人和完全的瞎子比起来缺点更严重，因为他知道缺什么。　　　　　　　　　　　　　　　——雨果

爱就像一棵树，它自行生长，深深地扎根于我们的内心，甚至在我们心灵的废墟上也能继续茁壮成长。这种感情愈是盲目，就愈加顽强，这真不可思议。它在毫无道理的时候反倒是最最强烈。

——雨果

对于我们每个人来说，在我们的才智、我们的道德、我们的气质之间，存在着某种平衡，它们毫不间断地自行发展，除非生活遭到重大的变故才会中断。

——雨果

宽宏大量，是唯一能够照亮伟大灵魂的光芒。

——雨果

从现在起，我开始谨慎地选择我的生活，我不再轻易让自己迷失在各种诱惑里。我心中已经听到来自远方的呼唤，再不需要回过头去关心身后的种种是非与议论。人的心只容得下一定程度的绝望，海绵已经吸够了水，即使大海从它上面流过，也不能再给它增添一滴水了。

——雨果

切忌浮夸铺张。与其说得过分，不如说得不全。

——托尔斯泰

离群索居者，不是野兽，便是神明。

——亚里士多德

幸福的家庭有同样的幸福，而不幸的家庭则各有各的不幸。

——托尔斯泰

"水满则溢，月盈则亏"，这个世界从来只有更美，而没有最美。而最靠近完美的一刻，就是最容易走向相反的时刻。

——托尔斯泰

一个人只要能忘我和爱别人，他在心理上就不会失衡，他就是一个幸福的人和完美的人。

——托尔斯泰

人们往往把欲望的满足看成幸福。

——托尔斯泰

人都是为希望而活，因为有了希望，人才有生活的勇气。

——托尔斯泰

有位数学家说过，快乐是在寻找真理，而不是在发现真理。

——托尔斯泰

当你意识到自己是个谦虚的人的时候，你马上就已经不是个谦虚的人了。

——托尔斯泰

生命是人的光。

——托尔斯泰

被真相伤害总比被谎言欺骗得好，得到了再失去，总是比从来就没有得到更伤人。

——托尔斯泰

如果爱一个人，那就爱整个的他，实事求是地照他本来的面目去爱他，而不是脱离实际希望他这样那样的。

——托尔斯泰

没人对你说"不"的时候，你是长不大的。

——托尔斯泰

两个相爱的人不应该有隔阂，因为他们的敌人是整个世界，一旦他们产生隔阂，世界会立即将其征服。

——托尔斯泰

自己找幸福容易，给别人谋幸福难。

——托尔斯泰

我们经历着生活中突然降临的一切，毫无防备，就像演员进入初排。如果生活中的第一次彩排便是生活本身，那生活有什么价值呢？

——米兰·昆德拉

如果生活中的第一次排练是生活本身，那么生活的价值是什么呢？我已无暇顾及过去，我要向前走。

——米兰·昆德拉

表面是清晰明了的谎言，背后却是晦涩难懂的真相。

——米兰·昆德拉

人永远都无法知道自己该要什么，因为人只能活一次，既不能拿它跟前世相比，也不能在来生加以修正。没有任何方法可以检验哪种抉择是好的，因为不存在任何比较。一切都是马上经历，仅此一次，不能准备。

——米兰·昆德拉

压倒她的不是重，而是不能承受的生命之轻。

——米兰·昆德拉

成功的骗子，不必再以说谎为生，因为被骗的人已经成为他的拥护者，我再说什么也是枉然。

——莎士比亚

决心不过是记忆的奴隶，它会根据你的记忆随意更改。

——莎士比亚

生存还是毁灭，这是个问题。

——莎士比亚

自信是走向成功之路的第一步，缺乏自信是失败的主要原因。

——莎士比亚

当悲伤来临的时候，不是单个来的，而是成群结队的。

——莎士比亚

黑夜无论怎样悠长，白昼总会到来。

——莎士比亚

凡事需多听但少言，聆听他人之意见，但保留自己之判断。

——莎士比亚

生命苦短，只是美德能将它传到遥远的后世。

——莎士比亚

爱情里面要是掺杂和它本身无关的算计，那就不是真的爱情。

——莎士比亚

忠诚的爱情充溢在我的心里，我无法估计自己享有的财富。爱是一种甜蜜的痛苦，真诚的爱情永不是走一条平坦的道路的。真正的爱情是不能用言语表达的，行为才是忠心的最好说明。

——莎士比亚

青春是不耐久藏的东西。青春时代是一个短暂的美梦，当你醒来时，它早已消失得无影无踪了。

——莎士比亚

最低陋的事情往往指向最崇高的目标。

——莎士比亚

你希望别人分担你的相思的痛苦，你这种恋爱太自私了。

——莎士比亚

在有骨气的人看来，送礼的人要是变了心，礼物虽贵，也会失去了价值。

——莎士比亚

爱情可以刺激懦夫，使他鼓起本来所没有的勇气。

——莎士比亚

患难之中的友谊，能够使患难舒缓。

——莎士比亚

不太热烈的爱情才会维持久远。

——莎士比亚

世间的很多事物，追求时候的兴致总要比享用时候的兴致浓烈。

——莎士比亚

谁选择了我，将要得到他所应得的东西。谁选择了我，必须准备把他所有的一切作为牺牲。

——莎士比亚

人有的是善良，善良是人的本性，而慈悲只是对他人的怜悯。当善良超越了良心的底线，就可能被内心当作是勉强。心存善良，适度为怀。

——莎士比亚

再好的东西都有失去的一天；再深的记忆也有淡忘的一天；再爱的人，也有远走的一天；再美的梦，也有苏醒的一天。

——莎士比亚

世上有一种人，他们的脸上装出一副心如止水的神气，故意表示他们的冷静，好让人家称赞他们一声智慧深沉、思想渊博。我看透了这一种人，他们只是不说话，才博得了智慧的名声。要是他们说起话来，听见的人，谁都会骂他们是傻瓜的。

——莎士比亚

宁愿做一朵篱下的野花，不愿做一朵受恩惠的蔷薇。与其逢迎献媚，偷取别人的欢心，毋宁被众人所鄙弃。

——莎士比亚

静默是表示快乐的最好的方法。要是我能够说出我心里多么快乐，那么我的快乐只是有限度的。

——莎士比亚

记住该记住的，忘记该忘记的，改变能改变的，接受不能改变的。

——塞林格

一个不成熟男子的标志是他愿意为某种事业英勇地死去，一个成熟男子的标志是他愿意为某种事业卑贱地活着。

——塞林格

我们确实活得艰难，一要承受种种外部的压力，更要面对自己内心的困惑。在苦苦挣扎中，如果有人向你投以理解的目光，你会感到一种生命的暖意，或许仅有短暂的一瞥，就足以使我兴奋不已。

——塞林格

你千万别跟任何人谈任何事情。你只要一谈起，就会想念起每一个人来。

——塞林格

快乐要有悲伤作陪，雨过应该就有天晴。如果雨后还是雨，如果忧伤之后还是忧伤，请让我们从容面对这离别之后的离别，微笑地去寻找一个不可能出现的你。

——塞林格

难道你的人生你的幸福，真的在于装出你没有的身份，花费你担负不起的金钱，浪费你宝贵的求学时光，去见识那个社会吗？

——巴尔扎克

人是不完善的，多少有点虚伪，虚伪多的时候，傻瓜们便欢呼世道败坏。

——巴尔扎克

人们屈服于天才的力量之下，大家恨他，想尽办法诋毁他，因为他独吞一切，倘若他我行我素，大家只好屈服。总之，要是不能将他埋入污泥底下的话，就只好崇拜他。

——巴尔扎克

做点好事，待人要仁慈、宽厚，总之，用你的谦虚来避免厄运吧。

——巴尔扎克

谦让是身体的良心。

——巴尔扎克

过放荡不羁的生活，容易得像顺水推舟，但是要结识良朋益友，却难如登天。

——巴尔扎克

金钱搅在爱情一块儿，不是太丑恶吗？

——巴尔扎克

发明家全靠一股了不起的信心支持，才有勇气在不可知的天地中前进。

——巴尔扎克

真正的朋友在精神方面的感应，和狗的嗅觉一样灵敏；他们能体会到朋友的悲伤，猜到悲伤的原因，老在心里牵挂着。

——巴尔扎克

灵魂要吸收另一个灵魂的感情来充实自己，然后以更丰富的感情送回给人家。人与人之间要没有这点美妙的关系，心就没有了生机。它缺少空气，它会受难，枯萎。

——巴尔扎克

我们的心是一座宝库，一下子倒空了，就会破产。一个人把情感统统拿了出来，就像把钱统统花光了一样得不到人家原谅。

——巴尔扎克

我不够富，不能像我希望的那样爱你；我也不够穷，不能像你希望的那样被你爱。让我们彼此忘却——你是忘却一个对你说来相当冷酷的姓名，我是忘却一种我供养不起的幸福。

——小仲马

除了你的侮辱是你始终爱我的证据外，我似乎觉得你越是折磨我，等到你知道真相的那一天，我在你眼中也就会显得越加崇高。

——小仲马

也许我活在你的心中，是最好的地方，在那里别人看不到我，没有人能鄙视我们的爱情。

——小仲马

一个人心中没有爱情的时候可以满足于虚荣，但一旦有了爱情，虚荣就变得庸俗不堪了。

——小仲马

随着时光的流逝，如果不能说是我逐渐地忘了她，那就是她给我的印象慢慢地淡薄了。我外出旅游，和亲友往来，生活琐事和日常工作冲淡了我对她的思念。即使我回忆起那次邂逅，也不过把它当作是一时的感情冲动。这种事在年幼无知的青年中是常有的，一般都事过境迁，一笑了之。

——小仲马

人们在她的微笑中，常常会发现一丝忧郁的阴影，其中蕴含着对生活的厌倦和感伤。

——小仲马

当你拼命想完成一件事的时候，你就不再是别人的对手，或者说得更确切一些，别人就不再是你的对手了，不管是谁，只要下了这个决心，他就会立刻觉得增添了无穷的力量，而他的视野也随之开阔了。

——大仲马

你是不是因为太懦弱了，才这样以炫耀自己的痛苦来作为自己的骄傲？

——大仲马

上帝给了人们有限的力量，但却给了人们无限的欲望。

——大仲马

幸福就是一双鞋，合不合适只有自己一个人知道。

——大仲马

无情的教训，教会人用怎样的眼睛才能观察危险，用怎样的忍耐才能忍受痛苦。

——大仲马

最奇妙的东西是什么呢？是我们无法懂得的东西。我们内心所向往的，又是什么东西呢？是我们无法拥有的东西。所以对我说来，见到我无法懂得的东西，得到无法拥有的东西，就是我毕生追求的目标。

——大仲马

人类的智慧就包含在这五个字里面："等待和希望！"

——大仲马

自知要比知人难得多，而知人要比自知有用得多。

——大仲马

您希望别人的自尊心对您做出让步，您就得先顾及对方的自尊心，保全他的面子，不让他为难。

——大仲马

学过的东西，不一定是懂得的东西。有两种人，一种是书蠹，一种是学者，记忆造就前一种人，哲学造就后一种人。

——大仲马

如果你渴望得到某样东西，你得让它自由，如果它回到你身边，它就是属于你的，如果它不会回来，你就从未拥有过它。

——大仲马

野心是最会使人心变硬的！

——大仲马

忧郁是因为自己无能，烦恼是由于欲望得不到满足，暴躁是一种虚怯的表现。

——大仲马

对过去不后悔，对现在有信心，对未来满是希望。

——大仲马

生活是由一连串小烦恼串成的念珠，心胸开阔的人是一边笑着一边数这串念珠的。

——大仲马

豪杰之士对于痛苦要比欢乐远为敏感。

——大仲马

迟误并非过失，一次失败，二次成功。

——大仲马

爱他脚下的土地，头顶上的空气，他触摸过的每一件东西，他说过的每一句话，我爱他所有的神情，每一个动作，还有他整个人，他的全部。

——艾米莉·勃朗特

在我的生活中，他是我最强的思念。如果别的一切都毁灭了，而他还留下来，我就能继续活下去；如果别的一切都留下来，而他却消灭了，这个世界对于我就将成为一个极陌生的地方。我不会像是它的一部分。

——艾米莉·勃朗特

我并不愿意你受的苦比我受的还大，希斯克利夫。我只愿我们永远不分离。如果我有一句话使你今后难过，想想我在地下也感到一样的难过，看在我自己的份上，饶恕我吧！

——艾米莉·勃朗特

历史孕育了真理，他与时间抗衡，保存了人们的实践；他是往昔的见证，当今的教训，未来的借鉴。

——塞万提斯

没有时间磨不掉的记忆，没有死亡治不愈的伤痛。

——塞万提斯

命运像水车的轮子一样旋转着，昨天还高高在上的人，今天却屈居人下。

——塞万提斯

自由是上帝赐给人类的最大的幸福之一。

——塞万提斯

大部分人在二三十岁就死去了，因为过了这个年龄，他们只是自己的影子，此后的余生则是在模仿自己中度过，日复一日，更机械、更装腔作势地重复他们在有生之年的所作所为、所思所想、所爱所恨。

——罗曼·罗兰

真正的光明绝不是永没有黑暗的时间，只是永不被黑暗所掩蔽罢了。真正的英雄绝不是永没有卑下的情操，只是永不被卑下的情操所屈服罢了。

——罗曼·罗兰

没有一个人是完全幸福的。所谓幸福，是在于认清一个人的限度而安于这个限度。

——罗曼·罗兰

有了朋友，生命才显出它全部的价值；一个人活着是为了朋友；保持自己生命的完整，不受时间侵蚀，也是为了朋友。

——罗曼·罗兰

自由向来是一切财富中最昂贵的财富。

——罗曼·罗兰

人生不售来回票，一旦动身，绝不能复返。

——罗曼·罗兰

对可耻的行为的追悔是对生命的拯救。

——罗曼·罗兰

对于没有热情、只有利害的人来说，他的"牺牲"值不得什么。

——罗曼·罗兰

生命像一粒种子，藏在生活的深处，在黑土层和人类胶泥的混合物中，在那里，多少世代都留下他们的残骸。一个伟大的人生，任务就在于把生命从泥土中分离开。这样的生育需要整整一辈子。

——罗曼·罗兰

先相信自己，然后别人才会相信你。

——罗曼·罗兰

盲目可以使你增加勇气，因为你看不到什么危险。

——乔纳森·斯威夫特

无论是谁，如以怨报德，就应该是人类的公敌，不知报恩的人，根本不配活在世上。

——乔纳森·斯威夫特

一个人只是呆呆地坐着，空想着自己所得不到的东西，是没有用的。

——笛福

我们老是感到缺乏什么东西而不满足，是因为我们对已经得到的东西缺少感激之情。

——笛福

在不同的环境下，人的感情又怎样变幻无常啊！我们今天所爱的，往往是我们明天所恨的；我们今天所追求的，往往是我们明天所逃避的；我们今天所希冀的，往往是我们明天所害怕的，甚至会吓得胆战心惊。

——笛福

一个要教育别人的人，最有效的办法是首先教育好自己。

——笛福

世界上一切好东西对于我们，除了加以使用外，实在没有别的好处。

——笛福

非要亲眼看见更恶劣的环境，否则就无法理解原有环境的好处；非要落到山穷水尽的地步，否则就不懂得珍视自己原来享受到的东西。

——笛福

一个人可以被毁灭，却不能被打败。

——海明威

每一天都是一个新的日子。走运当然是好的，不过我情愿做到分毫不差。这样，运气来的时候，你就有所准备了。

——海明威

生活总是让我们遍体鳞伤，但到后来，那些受伤的地方一定会变成我们最强壮的地方。

——海明威

等待也是种信念，海的爱太深，时间太浅。

——海明威

现在不是去想缺少什么的时候，该想一想凭现有的东西你能做什么。

——海明威

绝望是一种罪过。

——海明威

一个人并不是生来要给打败的，你尽可以把它消灭掉，可就是打不败他。

——海明威

这个世界如此美好，值得人们为它奋斗。

——海明威

男女之间虽然相爱，却时常想要单独静一下，而一分开，必然招来对方猜忌。

——海明威

我越是孤独，越是没有朋友，越是没有支持，我就得越尊重我自己。

——夏洛蒂·勃朗特

即使整个世界恨你，并且相信你很坏，只要你自己问心无愧，知道你是清白的，你就不会没有朋友。

——夏洛蒂·勃朗特

我无法控制自己的眼睛，忍不住要去看他，就像口干舌燥的人明知水里有毒却还要喝一样。我本来无意去爱他，我也曾努力地掐掉爱的萌芽，但当我又见到他时，心底的爱又复活了。

——夏洛蒂·勃朗特

我贫穷、卑微、不美丽，但当我们的灵魂穿过坟墓来到上帝面前时，我们都是平等的。

——夏洛蒂·勃朗特

在你未来的人生道路上，你常常会发现不由自主地被当作知己，去倾听你熟人的隐秘。你的高明之处不在于谈论你自己，而在于倾听别人谈论自己。

——夏洛蒂·勃朗特

生命太短暂了，没时间恨一个人那么久。

——夏洛蒂·勃朗特

所有随风而逝的都是属于昨天的，所有历经风雨留下来的才是面向未来的。假如你避免不了，就得去忍受。不能忍受生命中注定要忍受的事情，就是软弱和愚蠢的表现。

——夏洛蒂·勃朗特

人生一世，总有些片段当时看着无关紧要，而事实上却牵动了大局。

——萨克雷

如果所有的人娶亲的时候都打细算盘，世界上的人口一定要大大地减少。

——萨克雷

一个人如果遭到大家嫌弃，多半是自己不好。

——萨克雷

浮名浮利，一切虚空！我们这些人里面谁是真正快活的？谁是称心如意的？就算当时遂了心愿，过后还不是照样不满意？

——萨克雷

人性的确如此，既轻信又爱怀疑，说它软弱它又很顽固，自己打不定主意，为别人做事却又很有决断。

——萨克雷

有时，我可能脆弱得一句话就泪流满面，有时，也发现自己咬着牙走了很长的路。

——莫泊桑

生活不可能像你想象的那么好，但也不会像你想象的那么糟。人的脆弱和坚强都超乎自己的想象。

——莫泊桑

整个下半天，人都听凭羊脂球去思索。不过本来一直称呼她作"夫人"，现在却简单地称呼她作"小姐"了，谁也不很知道这是为什么，仿佛她从前在评价当中爬到了某种地位，现在呢，人都想把她从那种地位拉下一级似的，使她明白自己的地位是可羞的。

——莫泊桑

世界上最快而又最慢，最长而又最短，最平凡而又最珍贵，最容易被人忽视，而又最令人后悔的就是时间。

——高尔基

欢乐和忧愁永远是相依相随的，它们不可分割地交织在一起。

——高尔基

热爱劳动吧。没有一种力量能像劳动，即集体、友爱、自由的劳动的力量那样使人成为伟大和聪明的人。

——高尔基

生活就是这个样子的，它像一条不可测度的浑浊河流，平稳而缓慢，年复一年地不知道向什么地方流去。

——高尔基

一个人需要的东西越少，他的幸福就越大；一个人的愿望越多，他的自由就越少。

——高尔基

懒于思索，不愿意钻研和深入理解，自满或满足于微不足道的知识，都是智力贫乏的原因。这种贫乏通常用一个词来称呼，这就是愚蠢。

——高尔基

出现了不少空谈家，他们读书只是为了"驳斥"别人，高声宣扬自己的革命精神，以便跳到那些比较谦虚、比较严肃的同志面前去。

——高尔基

智慧是宝石，如果用谦虚镶边，就会更加灿烂夺目。

——高尔基

人的生命短得可笑。怎样生活？一些人千方百计逃避生活，另外一些人把自己整个身心献给了它。前一种人在晚年时精神空虚，无所回忆；后一种人精神和回忆都是丰富的。

——高尔基

只有满怀自信的人，能在任何地方都怀有信心，沉浸在生活中，并认识自己的意志。

——高尔基

人们之所以常常感到烦恼，就是因为他们总在寻求自我，力求成为自我，在任何时候都忠于自我，力求达到内心的和谐。

——高尔基

交情不像蘑菇，在树林子里是找不到的。孩子！它是长在心里的。

——高尔基

走你的路吧，摔倒了不要怨别人！

——高尔基

劳动使人建立起对自己理智力量的信心。

——高尔基

当一个人不能拥有的时候，他唯一能做的便是不要忘记。

——普鲁斯特

没有太阳，花朵不会开放；没有爱便没有幸福；没有妇女也就没有爱，没有母亲，既不会有诗人，也不会有英雄。

——高尔基

生命只是一连串孤立的片刻，靠着回忆和幻想，许多意义浮现了，然后消失，消失之后又浮现。

——普鲁斯特

我终将遗忘梦境中的那些路径、山峦与田野，遗忘那些永远不能实现的梦。

——普鲁斯特

任何一样东西，你渴望拥有它，它就盛开；一旦你拥有它，它就凋谢。

——普鲁斯特

当岁月流逝，所有的东西都消失殆尽的时候，唯有空中飘荡的气味还恋恋不散，让往事历历在目。

——普鲁斯特

每天清晨有多少双眼睛睁开，有多少人的意识苏醒过来，便有多少个世界。

——普鲁斯特

当现实折过来严丝合缝地贴在我们长期的梦想上时，它盖住了梦想，与它混为一体，如同两个同样的图形重叠起来合二为一一样。

——普鲁斯特

人应该支配习惯，而决不能让习惯支配人。

——奥斯特洛夫斯基

要抓紧时间赶快生活，因为一场莫名其妙的疾病，或者一个意外的悲惨事件，都会使生命中断。

——奥斯特洛夫斯基

生活就是这样变幻莫测：一会儿是满天云雾，转眼间又出现灿烂的太阳。

——奥斯特洛夫斯基

钢是在烈火里燃烧、高度冷却中炼成的，因此它很坚固。我们这一代人也是在斗争中和艰苦考验中锻炼出来的，并且学会了在生活中从不灰心丧气。

——奥斯特洛夫斯基

海浪在他脚下拍打着凌乱的石堆，从遥远的土耳其刮来的干燥海风吹拂着他的脸。港湾的海岸呈不规则的弓形，一条钢骨水泥筑成的防波堤挡住了海浪。蜿蜒起伏的山脉延伸至海滨突然中断。城郊一幢幢白色小屋排列在山峰之中，伸展到很远的地方。

——奥斯特洛夫斯基

人最宝贵的是生命，生命对人来说只有一次。人的一生应当这样度过：每当回首往事的时候，他不会因为虚度年华而悔恨，也不会因为碌碌而羞愧；临终之际，他能够说："我的整个生命和全部精力，都已经献给了世界最壮丽的事业——为人类的解放而斗争。"

——奥斯特洛夫斯基

谦逊可以使一个战士更美丽。

——奥斯特洛夫斯基

人类永远不会凭任何科学和任何利益轻松愉快地分享财产和权力。每人都嫌少，大家全要不断地埋怨、嫉妒、互相残害。

——陀思妥耶夫斯基

时常听见形容人野兽般的残忍，其实这对野兽很不公平，也很委屈。野兽从来不会像人那样残忍，那样巧妙地、艺术化地残忍。老虎只是啃、撕，只会做这些事。它决想不到去用钉子把人们的耳朵整夜地钉住，即使它能够这样做的话。

——陀思妥耶夫斯基

万物像一片海洋，一切都在流动、汇合，在一个地方触动一下，就会在世界的另一端生出反响。

——陀思妥耶夫斯基

什么人得到便宜呢？单单便宜了那些没良心的，因为他们压根儿没有良心，怎么会受良心责备？而倒霉的却是那些天良尚未泯灭，还有羞耻心的正派人。所以说，在尚未做好准备的土壤上实行改革，何况还是照抄人家的做法有百弊而无一利！

——陀思妥耶夫斯基

要正直地生活，别想入非非；要诚实地工作，才能前程远大。

——陀思妥耶夫斯基

整个人类永远渴望着一定要把自己组成一个世界性的整体。有许多伟大的民族具有伟大的历史，但是这些民族越高超，就越不幸，因为他们对全人类世界性联合的要求比别的民族更强烈。

——陀思妥耶夫斯基

当新的一代刚刚成长起来，并逐步占领他们曾在其中大显身手的那个舞台的时候，他们也就快得出奇地渐渐被人忘却、被人忽视了。

——陀思妥耶夫斯基

对具有高度自觉与深邃透彻的心灵的人来说，痛苦与烦恼是他必备的气质。

——陀思妥耶夫斯基

最要紧的是，我们首先应该善良，其次要诚实，再次是以后永远不要相互遗忘。

——陀思妥耶夫斯基

没有理想，即没有某种完美的愿望，也就永远不会有完美的现实。

——陀思妥耶夫斯基

在多数情况下，我们并非先理解后定义，而是先定义后理解。

——沃尔特·李普曼

一个最高尚的人也能够因习惯而变得愚昧无知和粗野无理，甚至粗野到惨无人道的程度。

——陀思妥耶夫斯基

城堡是什么，不言而喻，就是一堆石头。

——陀思妥耶夫斯基

胡说是一切动物中只有人才能享受的唯一的特权。

——陀思妥耶夫斯基

如果他必须在高耸的峭壁上或在一块只容两脚站立的弹丸之地过活，而周围是一个深渊，一片汪洋；永远是漆黑一片；永远是孤独无依；永远是狂风暴雨；他还是愿意在这块一俄尺宽的地方站一辈子，站一千年，永久地站着，即使这样过活也还是比马上死好！只要能活着、活着、活着！不管怎样活,只要能活着!……这话一点不错!天哪,这话一点不错!

——陀思妥耶夫斯基

卑鄙的灵魂摆脱压迫后便要压迫别人。

——陀思妥耶夫斯基

我只想证明一件事,就是,那时魔鬼引诱我,后来又告诉我,说我没有权利走那条路,因为我不过是个虱子,和所有其余的人一样。

——陀思妥耶夫斯基

昨日我沿着河漫步到芦苇弯腰喝水的地方,顺便请烟囱在天空为我写一封长长的信,潦草是潦草了些。而我的心意,则明亮如你窗前的烛光,稍有暧昧之处,势所难免,因为风的缘故。此信你能否看懂并不重要,重要的是,你务必在雏菊尚未全部凋零之前,赶快发怒,或者发笑。赶快从箱子里找出我那件薄衫子,赶快对镜梳你那又黑又柔的妩媚,然后以整生的爱,点燃一盏灯。我是火,随时可能熄灭,因为风的缘故。

——洛夫

精神的沟通用不着语言,只有两颗充满着爱的心就行。

——罗曼·罗兰

我们都是孤独的刺猬，只有频率相同的人，才能看见彼此内心深处不为人知的优雅。我相信这世上一定有一个能感受到自己的人，那人未必是恋人，他可能是任何人，在偌大的世界中，我们会因为这份珍贵的懂得而不再孤独。

——妙莉叶·芭贝里

名家语录
人生感悟

我要做的事，不过是伸手去收割旁人替我播种的庄稼而已。

——歌德

　　品格换来品格。慷慨，尤其是还兼有谦虚，就会使人人赢得好感。

——歌德

　　一个人只要宣称自己是自由的，就会同时感到他是受限制的。如果你敢于宣称自己是受限制的，你就会感到自己是自由的。

——歌德

　　一个缺乏自信心的女人，永远也不会有吸引别人的美，没有一种力量能比自信更能使女人显得美丽。

——索菲亚·罗兰

　　赞美不像虚情假意的恭维和厚颜无耻的奉承那么简单。会说话的女人，会将他们的甜言蜜语说到别人的心窝子里去，让人无法拒绝。

——比恩·凯莉

　　一本书就像一艘船，带领我们从狭隘的地方，驶向生活的无限广阔的海洋。

——凯勒

　　社交的秘诀，并不是绝口不涉及事实，而在于即使说到真实面，也不至于触怒对方。

——荻原朔太郎

虽然人人都企求得很多，但所需要的却是微乎其微。因为人生是短暂的，人的命运是有限的。

——歌德

嫉妒是愚昧的，模仿只会毁了自己。每个人的好与坏，都是自身的一部分，纵使宇宙间充满了好东西，不努力，你什么也得不到。你内在的力量是独一无二的，只有你知道能做什么，但是除非你真的去做，否则连你也不知道自己真的能做。

——爱默生

时间是变化的财富。时钟模仿它，却只有变化而无财富。

——泰戈尔

人们聚会的场面越大，就越容易变得枯燥乏味。只有当一个人独处的时候，他才可以完全成为自己。谁要是不热爱独处，那他也就是不热爱自由，因为只有当一个人独处的时候，他才是自由的。

——叔本华

自尊，迄今为止一直是少数人所必备的一种德性。凡是在权力不平等的地方，它都不可能在服从于其他人统治的那些人的身上找到。

——罗素

社会犹如一条船，每个人都要有掌舵的准备。

——易卜生

这世界要是没有爱情，它在我们心中还会有什么意义！这就如一盏没有亮光的走马灯。

——歌德

我的产业是这样美、这样广、这样宽，时间是我的财产，我的田地是时间。

——歌德

生命的全部奥秘就在于为了生存而放弃生存。

——歌德

人生一世不就是为了化短暂的事物为永久的吗？要做到这一步，就须懂得如何珍视这短暂和永久。

——歌德

如果你很忙，除了你真的很重要以外，更可能的原因是：你很弱，你没有什么更好的事情去做，你生活太差不得不以努力来弥补，或者你装作很忙，让自己显得很重要。

——乔布斯

使人疲惫的不是远方的高山，而是鞋子里的一粒沙子。

——伏尔泰

雪崩时，没有一片雪花是无辜的。

——伏尔泰

戴上墨镜，世界在你眼前就立即失去了光彩。个人的不幸往往是脆弱者观察生活的墨镜。

——培根

人们喜欢带着极端的偏见在不着边际的自由中使自己得到满足，这就是他们的思想本质。

——培根

凡过于把幸运之事归功于自己的聪明和智慧的人多半结局是不幸的。

——培根

为谋权力而失去自由，或为谋求控制他人的权力而失去控制自己的能力，这是一种奇怪的欲望。

——培根

青年应当有朝气，敢作为。

——徐志摩

有时候真实比小说更加荒诞，因为虚构是在一定逻辑下进行的，而现实往往毫无逻辑可言。

——马克·吐温

在我的眼里，你是我的一切。

——马克·吐温

战士是永远追求光明的，他并不躺在晴空下面享受阳光，却在黑暗里燃烧火炬，给人们照亮道路，使他们走向黎明。

——巴金

如果我曾经或多或少地激励了一些人的努力，我们的工作曾经或多或少地扩展了人类的理解范围，因而给这个世界增添了一分欢乐，那么我也就感到满足了。

——爱迪生

在这个世上，最古老的就是最年轻的。

——岛崎藤村

过去属于死神，未来属于你自己。

——雪莱

世界上有两种人，一种人虚度年华；另一种人过着有意义的生活。在第一种人的眼里，生活就是一场睡眠，如果在他看来，是睡在既温暖又柔和的床铺上，那他便十分心满意足了；在第二种人眼里，可以说，生活就是建立功绩，人就在完成这个功绩中享到自己的福。

——别林斯基

对于我来说，生命的意义在于设身处地替人着想，忧他人之忧，乐他人之乐。

——爱因斯坦

人的价值是由自己决定的。

——卢梭

善于利用零星时间的人，才会做出更大的成绩来。

——华罗庚

君子喻于义，小人喻于利。

——孔子

大自然就是一册完好的教本，一粒花种种入地里，由发芽至成长、开花、结果，若日日注意考察其生长状况，则所得何尝不胜读一册自然教本也。

——竺可桢

辛勤的蜜蜂永远没有时间悲哀。

——威廉·布莱克

如果不美也就看不见美。

——普洛丁

眼睛是灵魂的窗户，人的才智和意志可由此看出来。

——博厄斯

眼睛说话的雄辩和真实，胜过于言语。

——塔克曼

眼睛是内心索引。

——安斯蒂

两只眼睛比一只眼睛看得清楚。

——马勒

恋爱中的人发怒、和好、恳求、决定，终于说出一切话语，全用他们的眼睛。

——蒙田

缄默和谦虚是社交的美德。

——蒙田

生命的价值不在于时间的长短，而在于你如何利用它。

——蒙田

我需要三件东西：爱情、友谊和图书。然而这三者之间何其相通！炽热的爱情可以充实图书的内容，图书又是人们最忠实的朋友。

——蒙田

如果容许我再过一次人生，我愿意重复我的生活。因为，我向来就不后悔过去，不惧怕将来。

——蒙田

发号施令在爱情中是行不通的。

——蒙田

谁按规定去爱，谁就得不到爱。

——蒙田

有的人的眼睛像橘子一样毫无表情，有的人的眼睛像一口可以使你掉进去的井。

——爱默生

圣贤是思想的先声；朋友是心灵的希望。

——爱默生

说到底，爱情就是一个人的自我价值在别人身上的反映。

——爱默生

征服者之所以成功是因为他们相信自己有能力征服。

——爱默生

自信就是成功的第一秘诀。

——爱默生

无论你遇见谁，他都是对的人。无论发生什么事，那都是唯一会发生的事；不管事情开始于哪个时刻，都是对的时刻；已经结束的，就已经结束了。

——印度民间谚语

自信是承受大任的第一要件。

——塞缪尔·约翰逊

信心与能力通常是齐头并进的。

——塞缪尔·约翰逊

榜样具有良好的感染力。

——塞缪尔·约翰逊

与其发号施令，不如身体力行。

——塞缪尔·约翰逊

自信是向成功迈出的第一步。

——爱因斯坦

生命会给你所需要的东西，只要你不断地向它要，只要你在向它要的时候说得一清二楚。

——爱因斯坦

人必须要有耐心，特别是要有信心。

——居里夫人

社交场上的信心比机智更加重要。

——拉罗什富科

我们对自己抱有的信心，将使别人对我们萌生信心的绿芽。

——拉罗什富科

名家语录，人生感悟

能够使我漂浮于人生的泥沼中而不致陷于污秽的，是我的信心。

——但丁

爱情使人心的憧憬升华到至善之境。

——但丁

信心因际遇而异：人在大厅说话，和在阁楼说话不同。

——福楼拜

你要在内心的深处坚信，你必能成就一番事业。

——乔·佩特诺

对于凌驾命运之上的人来说，信心是命运的主宰。

——海伦·凯勒

信心是一种心境，有信心的人不会在转瞬间就消沉沮丧。

——海伦·凯勒

信心可以使一个人得以征服他相信可以征服的东西。

——德莱顿

果断获得信心，信心产生力量，而力量是胜利之母。

——亨利希·曼

那些即使遇到了机会，还不敢自信必能成功的人，只能得到失败。

——叔本华

谦虚对才华无奇的人来说只是一种诚实，对才华绝顶的人来说，是一种虚伪。

——叔本华

没有人生活在过去，也没有人生活在未来，现在是生命确实占有的唯一形态。

——叔本华

生命是一种语言，它为我们传达了某种真理；如果以另一种方式学习它，我们将不能生存。

——叔本华

在真空的生命里，每桩伟业都由信心开始，并由信心跨出第一步。

——法捷耶夫

青年的思想愈被范例的力量所激励，就愈会发出强烈的光辉。

——法捷耶夫

要有自信，然后全力以赴——假如有这种信念，任何事情十有八九都能成功。

——威尔逊

名家语录，人生感悟

信心是又弱又细的线，很容易拉断；但在灰心的时候，它也能将你抛向空高，使你重获生机。

——威尔逊

缺乏信心并不是因为出现了困难，而出现困难倒是因为缺乏信心。

——塞涅卡

内容充实的生命就是长久的生命。我们要以行为而不是以时间来衡量生命。

——塞涅卡

如能善于利用，生命乃悠长。

——塞涅卡

如果一个人不知道他要驶向哪个码头，那么任何风都不会是顺风。

——塞涅卡

一个人除非自己有信心，否则不能带给别人信心；已经信服的人，方能使人信服。

——阿诺德

每个人应该有这样的信心：人所能负的责任，我必能负；人所不能负的责任，我亦能负。

——林肯

喷泉的高度不会超过它的源头；一个人的事业也是这样，他的成就绝不会超过自己的信念。

——林肯

给别人自由和维护自己的自由，两者同样是崇高的事业。

——林肯

哥伦布发现一个世界，却没有用海图，他用的是在天空中释疑解惑的"信心"。

——桑塔雅那

我力量的真正源泉，是一种暗中的、永不变更的对未来的信心。甚至不只是信心，而是一种确信。

——杜伽尔

自由是人先稍微试用，然后无限制地使用，才能真正懂得用法的财产。

——杜伽尔

自由是人类得以自豪的唯一珍贵物品。

——杜伽尔

生命是美好的，一切物质是美好的，智慧是美好的，爱是美好的！

——杜伽尔

习惯不加以抑制，不久它就会变成你生活上的必需品了。

——奥古斯汀

习惯不是最好的仆人，便是最坏的主人。

——爱默生

习惯就是习惯，谁也不能将其扔出窗外，只能一步一步地引它下楼。

——马克·吐温

习惯没有法律那样明智，可它们往往更盛行。

——狄斯累利

习惯真是一种顽强而巨大的力量，它可以主宰人的一生，因此，人从幼年起就应该通过教育培养一种良好的习惯。

——弗兰西斯·培根

美德大多存在于良好的习惯中。

——佩利

由智慧养成的习惯，能成为第二天性。

——弗兰西斯·培根

习惯是一条巨缆——我们每天编结其中一根线，到最后我们最终无法弄断它。

——梅茵

不傲才以骄人，不以宠而作威。

——诸葛亮

不满足是向上的车轮。

——鲁迅

不骄，方能师人之长而自成其学。

——谭嗣同

伟大的人是绝不会滥用自己的优点的，他们看出自己超过别人的地方，并且意识到这一点，然而绝不会因此就不谦虚，他们的过人之处越多，他们越认识到自己的不足。

——卢梭

人的生命，似洪水奔流，不遇着岛屿和暗礁，难以激起美丽的浪花。

——奥斯特洛夫斯基

现实是此岸，理想是彼岸，中间隔着湍急的河流，行动则是架在河上的桥梁。

——克雷洛夫

在命运的颠沛中，最可以看出人们的气节。

——莎士比亚

名家语录，人生感悟

我想希望是本无所谓有，无所谓无的。这正如地上的路；其实地上本没有路，走的人多了，也便成了路。

——鲁迅

希望是厄运的忠实姐妹。

——普希金

正如恶劣的品质可以在幸运中暴露一样，最美好的品质也是在厄运中被显示的。

——弗兰西斯·培根

青春这玩意儿真是妙不可言，外部放射出红色的光辉，内部却什么也感觉不到。

——萨特

适当地用理智控制住爱情，有利无弊；发疯似的滥施爱情，有弊无利。

——普劳图斯

比荣誉、美酒、爱情和智慧更宝贵、更使人幸福的东西是我的友谊。

——海塞

痛痛快快地爱上一个钟头，抵得上平平淡淡地活上一辈子。

——贝恩

习惯的力量是巨大的。

——西塞罗

在恋爱和战争中先发制人，都是天经地义的。

——贝恩

婚姻的黄金时代，不在婚礼行过之后，而在婚前恋爱时期。

——胡塞尔

为着品德而去眷恋一个情人，总是一件很美的事。

——柏拉图

人生最遗憾的，莫过于轻易地放弃了不该放弃的，固执地坚持了不该坚持的，我以为小鸟飞不过沧海，是因为小鸟没有飞过沧海的勇气，十年以后我才发现，不是小鸟飞不过去，而是沧海的那一头，早已没有了等待。

——柏拉图

什么是爱情？爱情是大自然的珍宝，是欢乐的宝库，是最大的愉快，是从不使人生厌的祝福。

——查特顿

青春岂不惜，行乐非所欲。

——文天祥

爱，不是一种无须花费精力的享受，爱是一门艺术，它需要知识和努力。

——埃里希·弗洛姆

爱情只有当它是自由自在时，才会叶茂花繁。认为爱情是某种义务的思想只能置爱情于死地。只消一句话：你应当爱某个人，就足以使你对这个人恨之入骨。

——罗素

在各种各样的谨慎中，恋爱时也许是最有碍得到真正的幸福的。

——罗素

真正以谦虚是最高的美德，也即一切美德之母。

——丁尼生

思想来自感情，也支配着人化为新的感情。

——陀思妥耶夫斯基

理论是冷冰冰的，可它能教人去获得温暖；火柴是冷的，火柴盒子旁边擦火柴的地方是冷的，木柴也是冷的，但是它们能够生火，给人做出热腾腾的食物，并且使人的身体暖和。

——车尔尼雪夫斯基

理论是无情的，可是如果遵循着它，人才不会可怜巴巴地成为无益的同情对象。

——车尔尼雪夫斯基

许多理论都像一扇窗户，我们通过它看到真理，但是它也把我们同真理隔开。

——纪伯伦

聪明的人爱得多，说得少。

——丁尼生

思想走在行动之前，就像闪电走在雷鸣之前一样。

——海涅

思想的滋味是苦的，不过苦得使人很舒服。思想就像许多条涨满冰冷秋水的溪流，潺潺地流出来。

——高尔基

生气者是一个复杂的动物，它发出极度矛盾的信息，哀求着救助与关注，然而这一切到来时，却又拒绝它们。

——阿兰·德波顿

去想想无关紧要的事吧，去想想风吧！

——卡波特

既然真理和坚贞均告徒劳，既然爱情、痛苦和理智的力量都不能将其说服，那么就让榜样作为警戒吧！

——乔·格兰维尔

名家语录，人生感悟

万物皆有裂痕，那是光进来的地方。

——莱昂纳德·科恩

她那时候还太年轻，不知道所有命运赠送的礼物，早已在暗中标好了价格。

——茨威格

榜样的力量是无穷的。

——科达勒维耶

我们大多数人不是为昨天懊恼，就是为明天担忧，偏偏不肯好好把握今天。

——卡耐基

在人生道路上谦让三分，就能天宽地阔。

——卡耐基

为生命而欢欣吧！因为生命赐给你机会去爱、去工作、去嬉戏，还有，去仰望星辰。

——卡耐基

我们应该谦虚，因为你我都成就不了多少。我们都只是过客，一世纪以后都完全遗忘。生命太短促，不能老谈自己微小的成就来教人厌烦，且让我们鼓励别人多谈吧。

——卡耐基

决定放弃了的事，就请放弃得干干净净。那些决定再也不见面的人，就真的不要见面了。请不要让我再做背叛自己的事了。如果要爱别人，就请先好好爱自己。

——山本文绪

"生命是获取知识的工具"，只要秉持这个原则，我们不仅会勇气百倍，同时还能尽情生活和开怀大笑！

——尼采

纵有千古，横有八荒，前途似海，来日方长。

——梁启超

你要搞清楚自己人生的剧本——不是你父母的续集，不是你子女的前传，更不是你朋友的外篇。

——尼采

对待生命你不妨大胆冒险一点儿，因为好歹你要失去它。

——尼采

与其苟且偷生，毋宁英勇战死。

——乔万尼奥里

如果这世界上真有奇迹，那只是努力的另一个名字。

——尼采

生命中最难的阶段不是没有人懂你，而是你不懂你

名家语录，人生感悟

自己。

——尼采

要真正体验生命，你必须站在生命之上！为此要学会向高处攀登！为此要学会俯视下方！

——尼采

生命，那是自然会给人类去雕琢的宝石。

——诺贝尔

停止奋斗，生命也就停止了。

——卡莱尔

我在每一天里重新诞生，每天都是我新生命的开始。

——左拉

人，是生命锁链的一环，生命的锁链是无穷无尽的，它通过人，从遥远的过去伸向渺茫的未来。

——柯罗连科

我为生命的本身而欢喜。对我而言，生命并非短暂的蜡烛。它是一种光辉的火炬，天地之性，人为贵。

——魏源

一切难以理解的，终将真相大白。当生命熄灭的时候，灰烬里剩下的却是真金。生命奔腾着，消融下去，降低着温度。但是，正是在那最后的闪烁中，包含着生命行程的全部经验。

——列夫昂诺夫

我们的生命是三月的天气，可以在一小时内又狂暴又平静。

——爱默生

如果我真的对云说话，你千万不要见怪，城市是几百万人一起孤独生活的地方。

——梭罗

有生命，那里便有希望。

——泰伦提乌斯

有理想、充满社会利益的，具有明确目的的生活是世界上最美好和最有意义的生活。

——加里宁

生命由种种经验而千锤百炼。

——蒙森

真正的圣者的信条是善用生命，充分地利用生命。

——赫伯特

话可以收回，但人生不可能这样。

——席勒

本领加信心是一支战无不胜的军队。

——赫伯特

在我们了解什么是生命之前，我们已将它消磨了一半。

——赫伯特

生命是真实的，生命是诚挚的，坟墓并不是他的终结点。

——朗费罗

过去与将来，都是那无始无终、永远流转的大自然在人生命上比较出来的程序，其中间都有一个连续不断的生命力。一线相贯，不可分拆，不可断灭。

——李大钊

生命不可能有两次，但许多人连一次也不善于度过。

——吕凯特

你热爱生命吗?那么别浪费时间，因为时间是构成生命的材料。

——富兰克林

不谦虚的话只能有这个辩解，即缺少谦虚就是缺少见识。

——富兰克林

我们各种习气中再没有一种像克服骄傲那么难的了。虽极力藏匿它、克服它，消灭放弃基本的自由以换取苟安的人，终归失去自由，也得不到安全。

—— 富兰克林

在坎坷的生命里，我们要有超越自我之感觉。

—— 贝纳文特

懂得生命真谛的人，可以使短促的生命延长。

—— 西塞罗

谁因为害怕贫穷而放弃比财富更加富贵的自由，谁就只好永远做奴隶。

—— 西塞罗

我们是法律的仆人，以便我们可以获得自由。

—— 西塞罗

追求科学需要特殊的勇敢。

—— 伽利略

忠诚可以简练地定义为对不可能的情况的一种不合逻辑的信仰。

—— 门肯

当我历数了人类在艺术上和文学上所发明的那许多神妙

的创造，然后再回顾一下我的知识，我觉得自己简直是浅陋至极。

——伽利略

对于不屈不挠的人来说，没有失败这回事。

——俾斯麦

人生并不像火车要通过每个站似的经过每一个生活阶段。人生总是直向前行走，从不留下什么。

——刘易斯

土地是以它的肥沃和收获而被估价的；才能也是土地，不过它生产的不是粮食，而是真理。如果只能滋生冥想和幻想的话，即使再大的才能也只是沙地或盐池，那上面连小草也长不出来的。

——别林斯基

一切真正的和伟大的东西，都是纯朴而谦逊的。

——别林斯基

智慧属于人类，而风格属于作家。

——莫佩尔蒂

竭诚相助亲密无间，乃友谊之最高境界。

——瓦鲁瓦尔

本来，生命只有一次，对于谁都是宝贵的。

——瞿秋白

人生是一所学校，在那里比起幸福，不幸是更好的老师。

——弗里奇

白日莫空过，青春不再来。

——林宽

大多数的科学家，对于最高级的形容词和夸张手法都是深恶痛绝的，伟大的人物一般都是谦虚谨慎的。

——贝弗里奇

荒废时间等于荒废生命。

——川端康成

社会犹如一条船，每个人都要有掌舵的准备。

——易卜生

世间的活动缺点虽多，但仍是美好的。

——罗丹

你虽在困苦中，也不要惴惴不安，往往总是从暗处流出生命之泉。

——萨迪

朋友之间感情真诚，敌人就会无隙可乘。

——萨迪

冲击一次，就忘掉，在新的局面下继续生活下去。

——西伦佩

能将自己的生命寄托在他人记忆中，生命仿佛就加长了一些；光荣是我们获得的新生命，其可珍可贵，实不下于天赋的生命。

——孟德斯鸠

固然我有某些优点，而我自己最重视的优点，却是我的谦虚。

——孟德斯鸠

自由不是无限制的自由，自由是一种能做法律许可的任何事的权力。

——孟德斯鸠

人的生命就是不断的适应再适应。

——哈代

没有自由的秩序和没有秩序的自由，同样具有破坏性。

——罗斯福

人生无论在极坏的时候或是最好的时候，总是美的，而且向来是美的。

——德莱塞

我爱生活，为了它的美好，我参加了斗争。

——伏契克

当我活着，我要做生命的主宰，而不做它的奴隶。

——惠特曼

如果自由是名副其实的，那么一切都将服从于它。

——伯克

我认为，与制度相结合的自由才是唯一的自由。自由不仅要同制度和道德并存，而且还须臾缺不了它们。

——伯克

连自己的命运都不能主宰的人是没有自由可以享受的。

——爱比克泰德

囊括大典，网罗众家；思想自由，兼容并包。

——蔡元培

殊不知有健全之身体，始有健全之精神；若身体柔弱，则思想精神何由发达。或曰，非困苦其身体，则精神不能自由。然所谓困苦者，乃锻炼之谓，非使之柔弱以自苦也。

——蔡元培

在普遍堕落的人群当中，自由是不可能长久存在的。

——伯克

正义和自由互为表里，一旦分割，两者都会失去。

——富尔克

个人的自由，以不侵犯他人的自由为自由。

——穆勒

能够自由地形成习惯的人，在一生中能够做更多的事。习惯是技术性的，因此可以自由地形成。

——三木清

保护消费者的最有效方法是国内的自由竞争和遍及全世界的自由贸易。

——弗里德曼

认为艺术家的自由在于他想干什么就干什么，是错误的。这是胡作非为者的自由。

——斯坦尼斯拉夫斯基

生命诚可贵，爱情价更高，若为自由故，二者皆可抛。

——裴多菲

不要过分地醉心于放任自由，一点也不加以限制的自由，它的害处与危险实在不少。

——克雷洛夫

仁爱的话，仁爱的诺言，嘴上说起来是容易的，只有在患难的时候，才能看见朋友的真心。

——克雷洛夫

蠢材妄自尊大，他自鸣得意的，正好是受人讥笑奚落的短处，而且往往把应该引为奇耻大辱的事，大吹大擂。

——克雷洛夫

自由不仅为滥用权力而失去，也为滥用自由而失去。

——麦奇生

没有思想自由，就没有科学，没有真理。

——勒南

不能制约自己的人，不能称之为自由的人。

——毕达哥拉斯

自由不是像财产一样的物品，而是人永恒权利。

——蒙森

捧着一颗心来，不带半棵草去。

——陶行知

自由从来未被武力征服过。

——詹·汤姆逊

要解放孩子的头脑、双手、脚、空间、时间，使他们充

名家语录，人生感悟

分得到自由的生活，从自由的生活中得到真正的教育。

——陶行知

真正的自由属于那些自食其力的，并且在自己的工作中有所作为的人。

——科林伍德

谁将自由卖掉以换取黄金和荣耀，谁就等于出卖了自己生来就有的权利。

——惠普尔

一个人必须剔除自己身上的顽固的私心，使自己的人格得到自由表现的权利。

——屠格涅夫

温和、谦逊、多礼的言行，有时能使人回心转意。

——萨迪

谁穿上谦卑这件衣裳，谁就是最美最俊的人。

——蒙哥马利

天下无纯粹之自由，亦无纯粹之不自由。

——章炳麟

谦虚不仅是一种装饰品，也是美德的护卫。

——爱迪生

谦虚对于优点犹如图画中的阴影，会使之更加有力，更加突出。

——牛顿

不能凭最初印象去判断一个人。美德往往以谦虚镶边，缺点往往被虚伪所掩盖。

——拉布吕耶尔

只有坚强的人才谦虚。

——赫尔岑

真理的最伟大的朋友就是时间，她的最大的敌人是偏见，她的永恒的伴侣是谦虚。

——戈登

不骄方能师人之长，而自成其学。

——谭嗣同

有了一些小成绩就不求上进，这完全不符合我的性格。攀登上一个阶梯，这固然很好，只要还有力气，那就意味着必须再继续前进一步。

——安徒生

一个人如果把从别人那里学来的东西算作自己的发现，这也很接近于虚骄。

——黑格尔

我首先要求诸君信任科学，相信理性，信任自己，并相信自己。

——黑格尔

自由是对必然的认识。

——黑格尔

人们往往把任性也叫作自由，但是任性只是非理性的自由，人性的选择和自决都不是出于意志的理性，而是出于偶然的动机对感性外在的世界依赖。

——黑格尔

骄傲的人喜欢见依附他的人或谄媚他的人，而厌恶见高尚的人。而结果这些人愚弄他、迎合他那软弱的心灵，把他由一个愚人弄成一个狂人。

——斯宾诺莎

自卑虽是与骄傲相对，但实际却与骄傲最为接近。

——斯宾诺莎

骄傲的人必然嫉妒，他对于那最以德性受人称赞的人便最怀忌恨。

——斯宾诺莎

由于痛苦而将自己看得太低就是自卑。

——斯宾诺莎

最大的骄傲与最大的自卑都表示心灵的最软弱无力。

——斯宾诺莎

显而易见，骄傲与谦卑是恰恰相反的，可是它们有同一个对象。这个对象就是自我。

——休谟

谦虚谨慎和不谋私利，是人们所赞扬的美德，却也为人们所忽略。

——莫洛亚

对骄傲的人不要谦虚，对谦虚的人不要骄傲。

——朱尔·勒纳尔

成绩是谦虚者前进的阶梯，也是骄傲者后退的阶梯。

——利德尔·哈特

谦虚的学生珍视真理，不关心对自己个人的颂扬：不谦虚的学生首先想到的是炫耀个人得到的赞誉，对真理漠不关心。思想史上载明，谦虚几乎总是和学生的才能成正比例，不谦虚则成反比。

——普列汉诺夫

我们的骄傲多半是基于我们的无知。

——莱辛

真正的谦虚只能是对虚荣心进行了深思以后的产物。

——柏格森

要学会做科学的苦工。其次，要谦虚。第三要有热情。记住，科学需要人的全部生命。

——巴甫洛夫

要谦虚。你们在任何时候也不要以为自己什么都知道。不管别人怎样器重你们，你们总要有勇气对自己说："我没有学识。"

——巴甫洛夫

科学的未来只能属于勤奋而谦虚的年青一代！

——巴甫洛夫

决不要陷于骄傲。因为一骄傲，你们就会在应该同意的场合固执起来；因为一骄傲，你们就会拒绝别人的忠告和友谊的帮助；因为一骄傲，你们就会丧失客观标准。

——巴甫洛夫

要在座的人都停止了说话的时候，有了机会，方才可以谦逊地把问题提出，向人学习。

——约翰·洛克

礼仪不良有两种：第一种是忸怩羞怯；第二种是行为不检点和轻慢；要避免这两种情形，就只有好好地遵守下面这条规则，就是，不要看不起自己，也不要看不起别人。

——约翰·洛克

构成我们学习最大障碍的是已知的东西，而不是未知的东西。

——贝尔纳

善良和谦虚是永远不应令人厌恶的两种品德。

——斯蒂文森

当你有权有势时，你会发现你的朋友多如牛毛；一旦乌云笼罩你的头顶，你就孑然一身了。

——奥维德

什么是朋友?朋友就是你可以真诚相待的人。

——弗·克兰

忠诚的朋友是千金难买的。

——塔西佗

对谁都是朋友，实质对谁都不是朋友。

——亚里士多德

世界上没有比一个既真诚又聪明的朋友更可宝贵的了。

——亚里士多德

真正的朋友永远不会变心。

——乔·麦克唐纳

名家语录，人生感悟

凡是值得思考的事情，没有不是被人思考过的；我们必须做的只是试图重新加以思考而已。

——歌德

任何一种伟大的思想在最初出现时，都是一个暴君。

——歌德

自己的思想是大海，别人的思想是江河，无论多少条江河流入大海，海水依然是咸的。

——高尔基

伟大的思想逐步实现，化成血和肉：播下的种子开始萌芽，它的敌人——无论是公开的还是隐秘的，谁也不能将它践踏。

——屠格涅夫

不论在哪个国家，不论在哪个时代，对先驱者的学说，任何人都能加以接受的情况是很少的。

——芥川龙之介

我们赞同的东西使我们处之泰然，我们反对的东西才使我们的思想获得丰产。

——歌德

我们周围有光也有颜色，但是我们自己的眼里如果没有光和颜色，也就看不到外面的光和颜色了。

——歌德

对于每一个人来说，自己的任何思想都是宝贵的。

——高尔基

伟大的思想是从心里出来的。

——巴乌斯托夫斯基

充实的思想不在于言语的富丽；只有乞儿才能够计数他的家私。

——莎士比亚

一千个偏见和不正确的思想等于没有任何思想！

——陀思妥耶夫斯基

一种活生生的思想具有多种幅度，包括矛盾的观念，从而铸炼和谐的本质。

——罗曼·罗兰

思想是无数事实的一种组织形式，是智慧机械活动的结果。

——高尔基

一种坏行为只能为其他坏行为开路，而坏思想却会拖着人顺那条路一直往下滑。

——托尔斯泰

最大的决心会产生最高的智慧。

——雨果

观察和经验和谐地应用到生活上就是智慧。

——冈察洛夫

我想做一个像样的人，度过一个像样的人生；想尽量锻炼自己的肌肤，成为一个能够经受任何磨难的人。

——青山七惠

现在不是想你没有的东西的时候，想一想用你现有的东西可以做的事儿吧。

——海明威

富贵不淫贫贱乐，男儿到此是豪雄。

——程颢

我并不期待人生可以过得很顺利，但我希望碰到人生难关的时候，自己可以是它的对手。

——加缪

畏惧忍受痛苦比忍受痛苦本身更加糟糕。没有一个心灵在追逐它的梦想时会忍受痛苦。

——保罗·科埃略

烈火试真金，逆境试强者。

——塞内加

不要感叹生活的痛苦，感叹是弱者。

——高尔基

不应当急于求成，应当去熟悉自己的研究对象，锲而不舍，时间会成全一切。凡事开始最难，然而更难的是何以善终。

——莎士比亚

逆境给人宝贵的磨炼机会。只有经得起环境考验的人，才能算是真正的强者。自古以来的伟人，大多是抱着不屈不挠的精神，从逆境中挣扎奋斗过来的。

——松下幸之助

一个人几乎可以在任何他怀有无限热忱的事情上成功。

——查尔斯·史考伯

那脑袋里的智慧，就像打火石里的火花一样，不去打它是不肯出来的。

——莎士比亚

多数人都拥有自己不了解的能力和机会，都有可能做到未曾梦想的事情。

——卡耐基

苦难犹如乌云，远望去但见墨黑一片，然而身临其下时，不过是灰色而已。

——格哈德·里希特

流水在碰到底处时才会释放活力。

——歌德

名家语录，人生感悟

幸运并非没有恐惧和烦恼，厄运也绝非没有安慰和希望。

——培根

苦难磨炼一些人，也毁灭另一些人。

——富勒

人在身处逆境时，适应环境的能力实在惊人。人可以忍受不幸，也可以战胜不幸，因为人有着惊人的潜力，只要立志发挥它，就一定能渡过难关。

——卡耐基

在任何行业中，走向成功的第一步，是对它产生兴趣。

——威廉·奥斯勒

能克服困难的人，可使困难化为良机。

——丘吉尔

灵感并不是在逻辑思考的延长线上产生，而是在破除逻辑或常识的地方才有灵感。

——爱因斯坦

每一种挫折或不利的突变，是带着同样或较大的有利的种子的。

——爱默生

一次失败，只是证明我们成功的决心还不够坚强。

——博维

失败也是我需要的，它和成功对我一样有价值。

——爱迪生

我们关心的，不是你是否失败了，而是你对失败能否无怨。

——林肯

没有人事先了解自己到底有多大的力量，直到他试过以后才知道。

——歌德

要为天下奇男子，须历人间万里程。

——冯梦龙

人的差异在于业余时间。

——爱因斯坦

明者因时而变，知者随事而制。

——桓宽

逆境展示奇才，顺境隐没英才。

——霍勒斯

人们若是一心一意地做某一件事，总是会碰到偶然的机会的。

——巴尔扎克

生活中最重要的事情是懂得何时抓住机会，其次便是懂得何时放弃利益。

——迪斯雷利

要记住！情况越严重、越困难，就越需要坚定、积极、果敢，而越无为就越有害。

——托尔斯泰

天才就是最强有力的牛，他们一刻不停地一天工作十八小时。

——勒南

即使把眼睛盯着大地的时候，那超群的目光仍然保持着凝视太阳的能力。

——雨果

青年应该同时代一起前进，应该把前人的偏见踩在脚下。

——亨利·特罗亚

纸上得来终觉浅，绝知此事要躬行。

——陆游

青年不是生活在过去的人，也不仅是生活在现在的人，而是生活在未来的人。

——池田大作

一个最困苦、最卑贱、最为命运所屈辱的人，只要还抱有希望，便无所怨惧。

——莎士比亚

如果是玫瑰，它总会开花的。

——歌德

真正的敏捷是一件很有价值的事。因为时间是衡量事业的标准，如金钱是衡量货物的标准一样。

——培根

选择机会，就是节省时间。

——培根

任何问题都有解决的办法，无法可想的事是没有的。

——爱迪生

世俗有"时间是金钱"这句话，所以窃取他人时间的小偷，当然该加以处罚，即使是那些愉快的好人，还是该如忌讳疾病般躲避他们。

——卡耐基

名家语录，人生感悟

金字塔是用一块块的石头堆砌而成的。

——莎士比亚

只要持续地努力，不懈地奋斗，就没有征服不了的东西。

——塞内加

决心就是力量，信心就是成功。

——托尔斯泰

人的天职在勇于探索真理。

——哥白尼

人生的奋斗目标决定你将成为怎样的人。

——欧文

本来无望的事，大胆尝试，往往能成功。

——莎士比亚

只有登上山顶，才能看到那边的风光。

——徐志摩

报复不是勇敢，忍受才是勇敢。

——莎士比亚

劝君莫负艳阳天，恩爱欢娱趁少年。

——莎士比亚

长命也许不够好，但是美好的生命却够长。

——富兰克林

乐观，是达到成功之路的信心；不怀希望，无论什么事情都做不出来。

——海伦·凯勒

弱者坐待时机；强者制造时机。

——居里夫人

享受着爱和荣誉的人，才会感到生存的乐趣。

——莎士比亚

宽宏大量是唯一能够照亮伟大灵魂的光芒。

——雨果

自我控制，是最强者的本能。

——萧伯纳

名气就像某些特别鲜艳的花儿一样，含有毒性物质。

——巴尔扎克

能够把我们的才能使用到现实上面，这就是幸福。

——巴尔扎克

聪明的人有长的耳朵和短的舌头。

——弗莱格

名家语录，人生感悟

人不是靠他生来就拥有的一切，而是靠他从学习中所得到的一切来造就自己。

——歌德

把学问过于用作装饰是虚假；而完全依学问上的规则去断事则是书生的怪癖。

——培根

每个人生下来都要从事某项事业，每一个活在地球上的人都有自己的生活中的义务。

——海明威

应该笑着面对生活，不管一切如何。

——伏契克

人真正的使命是生活，而不是单纯地活着。

——杰克·伦敦

风度是我们天性的微小冲动。

——席勒

人人都在生活，但是只有少数人熟悉生活，只要你能抓住它，它就会饶有趣味！

——屠格涅夫

人的生活像广阔的海洋一样深，在它未经测量的深度中，保存着无数的奇迹。

——别林斯基

一个伟大的灵魂，会强化思想和生命。

——爱默生

世界上只有一种英雄主义，那就是在认识生活的真相后依然热爱生活。

——罗曼·罗兰

内容充实的生命就是长久的生命，我们要以行为而不是以时间来衡量生命。

——塞涅卡

不漠视过去、不毁弃过去、不向过去倒退，而是发奋向前、积极向上，为未来开辟新的前景。

——尼克松

古今中外，凡成就事业、对人类有所作为的人，无一不是脚踏实地、艰苦攀登的结果。

——钱三强

自强像荣誉一样，是一个无滩的岛屿。

——拿破仑

名家语录，人生感悟

路要靠自己去走，才能越走越宽。

——居里夫人

我就是我自身的主宰。

——普劳图斯

我愿独立自主，照自己的意愿过生活；凡是我自己需要的，我欣然接受；我不需要的，我就绝不希求。

——车尔尼雪夫斯基

我们一定要自己帮自己。

——霍普特曼

形成天才的决定因素应该是勤奋。有几分勤学苦练，天资就能发挥几分。天资的充分发挥和个人的勤学苦练是成正比例的。

——郭沫若

诚实的人必须对自己守信，他的最后靠山就是真诚。

——爱默生

工作上的信用是最好的财富。没有信用积累的青年，非成为失败者不可。

——池田大作

不要将过去看成是寂寞的，因为这是再也不会回头的。应想办法改善现在，因为那就是你，毫不畏惧地鼓起勇气向着未来前进。

——朗弗罗

不管发生什么事，都请安静且愉快地接受人生，勇敢地、大胆地，而且永远地微笑着。

——罗莎·卢森堡

真诚是通向荣誉之路。

——左拉

没有加倍的勤奋，就既没有才能也没有天才。

——门捷列夫

春蚕到死丝方尽，人至期颐亦不休。一息尚存须努力，留作青年好范畴。

——吴玉章

时间应分配得精密，使每年、每月、每天和每小时，都有它的特殊任务。

——笛卡尔

必须记住：我们学习的时间是有限的。时间有限，不单指人生短促，更由于人的纷繁。我们应该力求把我们所有的时间用来做最有益的事。

——赫伯特·斯宾塞

· 集韵增广
　　多见多闻 ·

观今宜鉴古，无古不成今。

知己知彼，将心比心。

酒逢知己饮，诗向会人吟。

相识满天下，知心能几人？

相逢好似初相识，到老终无怨恨心。

近水知鱼性，近山识鸟音。

易涨易退山溪水，易反易覆小人心。

运去金成铁，时来铁似金。

读书须用意，一字值千金。

有意栽花花不发，无心插柳柳成荫。

钱财如粪土，仁义值千金。

流水下滩非有意，白云出岫本无心。

当时若不登高望，谁信东流海洋深？

路遥知马力，日久见人心。

两人一般心，无钱堪买金；一人一般心，有钱难买针。

相见易得好，久住难为人。

是亲不是亲，非亲却是亲。

美不美，乡中水；亲不亲，故乡人。

莺花犹怕春光老，岂可教人枉度春？

相逢不饮空归去，洞口桃花也笑人。

红粉佳人休使老，风流浪子莫教贫。

在家不会迎宾客，出门方知少主人。

黄芩无假，阿魏无真。

客来主不顾，自是无良宾。良宾方不顾，应恐是痴人。

谁人背后无人说，哪个人前不说人？

闹里挣钱，静处安身。来如风雨，去似微尘。

长江后浪推前浪，世上新人赶旧人。

近水楼台先得月，向阳花木早逢春。

古人不见今时月，今月曾经照古人。

莫道君行早，更有早行人。莫信直中直，须防仁不仁。

自恨枝无叶，莫怨太阳偏。

一年之计在于春，一日之计在于寅。一家之计在于和，一生之计在于勤。

责人之心责己，恕己之心恕人。

守口如瓶，防意如城。

再三须慎意，第一莫欺心。

虎身犹可近，人毒不堪亲。

来说是非者，便是是非人。

远水难救近火，远亲不如近邻。

山中也有千年树，世上难逢百岁人。

力微休负重，言轻莫劝人。无钱休入众，遭难莫寻亲。

平生不做皱眉事，世上应无切齿人。

士者国之宝，儒为席上珍。

若要断酒法，醒眼看醉人。

求人须求大丈夫，济人须济急时无。

渴时一滴如甘露，醉后添杯不如无。

久住令人贱，频来亲也疏。

酒中不语真君子，财上分明大丈夫。

出家如初，成佛有余。积金千两，不如明解经书。

养子不教如养驴，养女不教如养猪。

有田不耕仓廪虚，有书不读子孙愚。

仓廪虚兮岁月乏，子孙愚兮礼仪疏。

听君一席话，胜读十年书。

白酒酿成缘好客，黄金散尽为收书。

救人一命，胜造七级浮屠。

城门失火，殃及池鱼。

欲求生富贵，须下死工夫。

百年成之不足，一旦坏之有余。

人心似铁，官法如炉。

善化不足，恶化有余。

水至清则无鱼，人太急则无智。

知者减半，愚者全无。

是非终日有，不听自然无。

宁可正而不足，不可邪而有余。

宁可信其有，不可信其无。

道院迎仙客，书堂隐相儒。

庭栽栖凤竹，池养化龙鱼。

但看三五日，相见不如初。

人情似水分高下，世事如云任卷舒。

磨刀恨不利，刀利伤人指；求财恨不多，财多害自己。

知足常足，终身不辱；知止常止，终身不耻。

差之毫厘，失之千里。

若登高必自卑，若涉远必自迩。

三思而行，再思可矣。

动口不如亲为，求人不如求己。

嫉财莫嫉食，怨生莫怨死。

人见白头嗔，我见白头喜。多少少年郎，不到白头死。

墙有缝，壁有耳。

好事不出门，坏事传千里。

若要人不知，除非己莫为。

为人不做亏心事，半夜敲门心不惊。

贼是小人，智过君子。君子固穷，小人穷斯溢矣。

宁可直中取，不可曲中求。

人无远虑，必有近忧。

知我者谓我心忧，不知我者谓我何求？

成事莫说，覆水难收。

是非只为多开口，烦恼皆因强出头。

忍得一时之气，免得百日之忧。

近来学得乌龟法，得缩头时且缩头。

人生一世，草长一春。

黑发不知勤学早，转眼便是白头翁。

月过十五光明少，人到中年万事休。

儿孙自有儿孙福，莫为儿孙做马牛。

人生不满百，常怀千岁忧。

路逢险处须回避，事到临头不自由。

人贫不语，水平不流。

集韵增广，多见多闻

一家养女百家求，一马不行百马忧。

有花方酌酒，无月不登楼。

三杯通大道，一醉解千愁。

深山毕竟藏猛虎，大海终须纳细流。

惜花须检点，爱月不梳头。

受恩深处宜先退，得意浓时便可休。

莫待是非来入耳，从前恩爱反为仇。

留得五湖明月在，不愁无处下金钩。

休别有鱼处，莫恋浅滩头。

去时终须去，再三留不住。

忍一句，息一怒，饶一着，退一步。

一寸光阴一寸金，寸金难买寸光阴。

黄河尚有澄清日，岂能人无得运时？

得宠思辱，居安思危。

念念有如临敌日，心心常似过桥时。

英雄行险道，富贵似花枝。

人情莫道春光好，只怕秋来有冷时。

送君千里，终有一别。

假缎染就真红色，也被旁人说是非。

善事可做，恶事莫为。许人一物，千金不移。

龙生龙子，虎生虎儿。

龙游浅水遭虾戏，虎落平原被犬欺。

一举首登龙虎榜，十年身到凤凰池。

十年寒窗无人问，一举成名天下知。

酒债寻常处处有，人生七十古来稀！

养儿防老，积谷防饥。

当家才知盐米贵，养子方知父母恩。

常将有日思无日，莫把无时当有时。

树欲静而风不止，子欲养而亲不待。

时来风送滕王阁，运去雷轰荐福碑。

入门休问荣枯事，且看容颜便得知。

官清司吏瘦，神灵庙祝肥。

息却雷霆之怒，罢却虎豹之威。

饶人算之本，输人算之机。

好言难得，恶语易施。

一言既出，驷马难追。

道吾好者是吾贼，道吾恶者是吾师。

路逢侠客须呈剑，不是才人莫献诗。

三人行，必有我师焉。择其善者而从之，其不善者而改之。

欲昌和顺须为善，要振家声在读书。

少壮不努力，老大徒伤悲。

莫饮卯时酒，昏昏醉到酉。莫骂酉时妻，一夜受孤凄。

种麻得麻，种豆得豆。

天眼恢恢，疏而不漏。

见官莫向前，作客莫在后。

宁添一斗，莫添一口。

螳螂捕蝉，岂知黄雀在后？

不求金玉重重贵，但愿儿孙个个贤。

一日恩爱，百世姻缘。百世修来同船渡，千世修来共枕眠。

损人一万，自损三千。伤人一语，利如刀割。

枯木逢春犹再发，人无两度再少年。

未晚先投宿，鸡鸣早看天。

将相顶头堪走马，公侯肚内好撑船。

富人思来年，穷人想眼前。

世上若要人情好，赊去物品莫取钱。

击石原有火，不击乃无烟。

人学始知道，不学亦徒然。

莫笑他人老，终须还到老。

和得邻里好，犹如拾片宝。

但能守本分，终身无烦恼。

大家做事寻常，小家做事慌张。

大家礼义教子弟，小家凶恶训儿郎。

君子爱财，取之有道。

贞妇爱色，纳之以礼。

万恶淫为首，百行孝当先。

人而无信，不知其可也。

一人道虚，千人传实。

凡事要好，须问三老。

若争小利，便失大道。

家中不和邻里欺，邻里不和说是非。

学者是好，不学不好。学者如禾如稻，不学如草如蒿。

遇饮酒时须防醉，得高歌处且高歌。

不因渔夫引，怎能见波涛？

无求到处人情好，不饮任他酒价高。

知事少时烦恼少，识人多处是非多。

进山不怕伤人虎，只怕人情两面刀。

光阴似箭，日月如梭。

天时不如地利，地利不如人和。

黄金未为贵，安乐值钱多。

为善最乐，作恶难逃。

羊有跪乳之恩，鸦有反哺之情。

孝顺还生孝顺子，忤逆还生忤逆儿。不信但看檐前水，点点滴滴旧窝池。

隐恶扬善，执其两端。

妻贤夫祸少，子孝父心宽。

已覆之水，收之实难。

人生知足时常足，人老偷闲且是闲。

处处绿杨堪系马，家家有路通长安。

既坠釜甑，反顾何益。

见者易，学者难。

厌静还思喧，嫌喧又忆山。自从心定后，无处不安然。

莫将容易得，便作等闲看。

用心计较般般错，退后思量事事宽。

道路各别，养家一般。

由俭入奢易，从奢入俭难。

知音说与知音听，不是知音莫与谈。

点石化为金，人心犹未足。

他人观花，不涉你目；他人碌碌，不涉你足。

谁人不爱子孙贤，谁人不爱千钟粟。

奈五行，不是这般题目。

莫把真心空计较，儿孙自有儿孙福。

书到用时方恨少，事非经过不知难。

天下无不是的父母，世上最难得者兄弟。

与人不和，劝人养鹅；与人不睦，劝人架屋。

但行好事，莫问前程。

河狭水激，人急计生。

明知山有虎，莫向虎山行。

路不铲不平，事不为不成。

无钱方断酒，临老始读经。

点塔七层，不如暗处一灯。

但存方寸土，留与子孙耕。

灭却心头火，剔起佛前灯。

众星朗朗，不如孤月独明。

兄弟相害，不如友生。

合理可作，小利不争。

牡丹花好空入目，枣花虽小结实多。

欺老莫欺小，欺人心不明。

勤奋耕锄收地利，他时饱暖谢苍天。

得忍且忍，得耐且耐，不忍不耐，小事成灾。

相论逞英豪，家计渐渐退。

人老心未老，人穷志莫穷。

人无千日好，花无百日红。

黄蜂一口针，橘子两边分。

乍富不知新受用，乍贫难改旧家风。

座上客常满，杯中酒不空。

屋漏更遭连夜雨，行船又遇打头风。

笋因落箨方成竹，鱼为奔波始化龙。

记得少年骑竹马，转眼又是白头翁。

天上众星皆拱北，世间无水不朝东。

士为知己者死，女为悦己者容。

色即是空，空即是色。

君子安贫，达人知命。

良药苦口利于病，忠言逆耳利于行。

有缘千里来相会，无缘对面不相逢。

夫妻相和好，琴瑟与笙簧。

善必寿老，恶必早亡。

爽口食多偏作病，快心事过恐遭殃。

富贵定要依本分，贫穷不必再思量。

画水无风空作浪，绣花虽好不闻香。

贪他一斗米，失却半年粮。争他一脚豚，反失一肘羊。

龙归晚洞云犹湿，麝过春山草木香。

平生只会说人短，何不回头把己量？

见善如不及，见恶如探汤。

自家心里急，他人未知忙。

贫无达士将金赠，病有高人说药方。

触来莫与竞，事过心清凉。

秋来满山多秀色，春来无处不花香。

凡人不可貌相，海水不可斗量。

清清之水为土所防，济济之士为酒所伤。

蒿草之下或有兰香，茅茨之屋或有侯王。

无限朱门生饿殍，几多白屋出公卿。

酒里乾坤大，壶中日月长。

拂石坐来春衫冷，踏花归去马蹄香。

叫月子规喉舌冷，宿花蝴蝶梦魂香。

一言不中，千言不用。一人传虚，百人传实。

万金良药，不如无疾。

千里送鹅毛，礼轻情义重。

君子怀刑，小人怀惠。

架上碗儿轮流转，媳妇自有做婆时。

人生一世，如驹过隙。

良田万顷，日食一升。大厦千间，夜眠八尺。

千经万典，孝义为先。

天上人间，方便第一。

欲求天下事，须用世间财。

富从升合起，贫因不算来。

近河不得枉使水，近山不得枉烧柴。

慈不掌兵，义不掌财。

一夫当关，万夫莫开。

白云本是无心物，却被清风引出来。

慢行急行，逆取顺取。

人间私语，天闻若雷。暗室亏心，神目如电。

一毫之恶，劝人莫作。一毫之善，与人方便。

亏人是祸，饶人是福。

圣贤言语，神钦鬼服。

人各有心，心各有见。

口说不如身逢，耳闻不如目见。

见人富贵生欢喜，莫把心头似火烧。

养兵千日，用在一时。

国清才子贵，家富小儿娇。

利刀割体疮犹使，恶语伤人恨不消。

公道世间唯白发，贵人头上不曾饶。

有才堪出众，无衣懒出门。

苗从地发，树由枝分。宅里燃火，烟气成云。

以直报怨，知恩报恩。

红颜今日虽欺我，白发他时不放君。

借问酒家何处有，牧童遥指杏花村。

父子和而家不退，兄弟和而家不分。

一片云间不相识，三千里外却逢君。

幸生太平无事日，恐防年老不多时。

国乱思良将，家贫思良妻。

池塘积水须防旱，田地深耕足养家。

根深不怕风摇动，树正何愁月影斜。

争得猫儿，失却牛脚。

始吾于人也，听其言而信其行。今吾于人也，听其言而观其行。

哪个梳头无乱发，情人眼里出西施。

珠沉渊而川媚，玉韫石而山辉。

夕阳无限好，只恐不多时。

久旱逢甘霖，他乡遇故知；洞房花烛夜，金榜题名时。

惜花春起早，爱月夜眠迟。掬水月在手，弄花香满衣。

桃红李白蔷薇紫，问着东君总不知。

教子教孙须教义，栽桑栽柘少栽花。

休念故乡生处好，受恩深处便为家。

学在一人之下，用在万人之上。

一日为师，终身为父。

劝君莫将油炒菜，留与儿孙夜读书。

书中自有千钟粟，书中自有颜如玉。

莫怨自己穷，穷要穷得干净；莫羡他人富，富要富得清高。

别人骑马我骑驴，仔细思量我不如。待我回头看，还有挑脚汉。路上有饥人，家中有剩饭。积德与儿孙，要广行方便。

积钱积谷不如积德，买田买地不如买书。

一日春工十日粮，十日春工半年粮。

疏懒人没吃，勤俭粮满仓。

人亲财不亲，财利要分清。

十分伶俐使七分，常留三分与儿孙。若要十分都使尽，远在儿孙近在身。

君子乐得做君子，小人枉自做小人。

惜钱莫教子，护短莫从师。

记得旧文章，便是新举子。

但求心无愧，不怕有后灾。

只有和气去迎人，哪有相打得太平。

人到公门正好修，留些阴德在后头。

为人何必争高下，一旦无命万事休。

山高不算高，人心比天高。

善恶随人作，祸福自己招。

世上无难事，只怕不专心。

成人不自在，自在不成人；金凭火炼方知色，与人交财便知心。

乞丐无粮，懒惰而成。

勤俭为无价之宝，节粮乃众妙之门。

省事俭用，免得求人。

量大祸不在，机深祸亦深。

善为至宝深深用，心作良田世世耕。

群居防口，独坐防心。

体无病为富贵，身平安莫怨贫。

败家子弟挥金如土，贫家子弟积土成金。

富贵非关天地，祸福不是鬼神。

安分贫一时，本分终不贫。

人过留名，雁过留声。

择子莫择父，择亲莫择邻。

爱妻之心是主，爱子之心是亲。

事从根起，藕叶连心。

祸与福同门，利与害同城。

清酒红人脸，财帛动人心！

宁可荤口念佛，不可素口骂人。

岂能尽如人意？但求不愧吾心。

只学斟酒意，莫学下棋心。

孝莫假意，转眼便为人父母。善休望报，回头只看汝儿孙！

口开神气散，舌出是非生！

弹琴费指甲，说话费精神。

千贯买田，万贯结邻。

人言未必犹尽，听话只听三分。

隔壁岂无耳，窗外岂无人？

酒不护贤，色不护病；财不护亲，气不护命！

一日不可无常业，安闲便易起邪心！

炎凉世态，富贵更甚于贫贱；嫉妒人心，骨肉更甚于外人！

瓜熟蒂落，水到渠成。

过头饭好吃，过头话难听！

事多累了自己，田多养了众人。

怕事忍事不生事，自然无事；平心静心不欺心，何等放心！

好话不在多说，有理不在高声！

甘草味甜人可食，巧言妄语不可听。

当场不论，过后枉然。

贫莫与富斗，富莫与官争！

家有千口，主事一人。

父子竭力山成玉，弟兄同心土变金。

当事者迷，旁观者清。

怪人不知理，知理不怪人。

未富先富终不富，未贫先贫终不贫。

蚊虫遭扇打，只因嘴伤人！

欲多伤神，财多累心！

布衣得暖真为福，千金平安即是春。

家贫出孝子，国乱显忠臣！

宁做太平犬，莫做离乱人！

自重者然后人重，人轻者便是自轻。

自身不谨，扰乱四邻。

快意事过非快意，自古败名因败事。

伤身事莫做，伤心话莫说。

小人肥口，君子肥身。

地不生无名之辈，天不生无路之人。

读未见书，如得良友；见已读书，如逢故人。

福满须防有祸，凶多料必无争。

不怕三十而死，只怕死后无名。

说长说短，宁说人长莫说短；施恩施怨，宁施人恩莫施怨。

爱鼠常留饭，怜蛾灯罩纱。

稳的不滚，滚的不稳。

君子千钱不计较，小人一钱恼人心。

知止自当出妄想，安贫须是禁奢心。

初入行业，三年事成；初吃馒头，三年口生。

家无生活计，坐吃如山崩。

家有良田万顷，不如薄艺在身；艺多不养家，食多嚼不赢。

使心用心，反害自身。

国家无空地，世上无闲人。

耽误一年春，十年补不清；人能处处能，草能处处生。

人不走不亲，水不打不浑。

三贫三富不到老，十年兴败多少人！

买货买得真，折本折得轻；不怕问到，只怕倒问。

人强不如货强，价高不如口便。

会买买怕人，会卖卖怕人。

只只船上有艄公，天子足下有贫亲。

既知莫望，不知莫向。

在一行，练一行；穷莫失志，富莫癫狂。

隔行莫贪利，久炼必成钢。

瓶花虽好艳，相看不耐长。

早起三光，迟起三慌。

未来休指望，过去莫思量；时来遇好友，病去遇良方。

晴带雨伞，饱带饥粮。

满壶全不响，半壶响叮当。

久利之事莫为，众争之地莫往。

舍财不如少取，施药不如传方。

燕子不进愁门，耗子不钻空仓。

苍蝇不叮无缝蛋，谣言不找谨慎人。

一人舍死，万人难当。

人争一口气，佛争一炷香。

门为小人而设，锁乃君子之防。

男子无志纯铁无钢，女子无志烂草无瓤。

养男莫听狂言，养女莫叫离母。

百战百胜不如无争，万言万中不如一默。

有钱不置怨逆产，冤家宜解不宜结。

近朱者赤，近墨者黑。

一个山头一只虎，恶龙难斗地头蛇。

出门看天色，进门看脸色。

商贾买卖如施舍，买卖公平如积德。

家无三年之积，不成其家；国无九年之积，不成其国。

自己跌倒自己爬，望人扶持都是假。

找钱犹如针挑土，用钱犹如水推沙！

害人之心不可有，防人之心不可无！

不愁无路，就怕不做。

须向根头寻活计，莫从体面下功夫！

祸从口出，病从口入。

药补不如肉补，肉补不如养补。

人怕不是福，人欺不是辱。

姊妹同肝胆，弟兄同骨肉。

慈母多误子，悍妇必欺夫！

君子千里同舟，小人隔墙易宿。

一时劝人以口，百世劝人以书。

我不如人，我无其福；人不如我，我常知足！

捡金不忘失金人，三两黄铜四两福。

因祸得福，求赌必输。

一言而让他人之祸，一愤而折平生之福。

天有不测风云，人有旦夕祸福。

男无良友，不知己之有过；女无明镜，不知面之精粗。

事非亲做，不知难处。

十年易读举子，百年难淘江湖！

积钱不如积德，闲坐不如看书。

思量挑担苦，空手做是福。

时来易借银千两，运去难赊酒半壶。

当面留一线，过后好相见。

树挪死，人挪活。

在家千日好，出门处处难。

明人自断，愚人官断。

人怕三见面，树怕一墨线。

天下礼仪无穷，一人知识有限。

一人不得二人计，宋江难结万人缘。

人人依礼仪，天下不设官。

吃尽美味还是盐，穿尽绫罗还是棉。

一夫不耕，全家饿饭；一女不织，全家受寒。

金银到手非容易，用时方知来时难。

先讲断，后不乱，免得藕断丝不断。

听人劝，得一半。不怕慢，只怕站。

逢快莫赶，逢贱莫懒。

谋事在人，成事在天！

长路人挑担，短路人赚钱。

宁卖现二，莫卖赊三。

赚钱往前算，折本往后算。

小小生意赚大钱，七十二行出状元。

胆大不如胆小，心宽甚如屋宽。

妻贤何愁家不富，子孙何须受祖田。

节食以去病，少食以延年。

豆腐多了是包水，艄公多了打烂船。

无口过是，无眼过难；无身过易，无心过难。

他马莫骑，他弓莫挽。

要知心腹事，但听口中言。

宁在人前全不会，莫在人前会不全。

事非亲见，切莫乱谈。

打人莫打脸，骂人莫骂短。

好言一句三冬暖，恶语伤人六月寒。

人上十口难盘，账上万元难还。

难者不会，会者不难。

心不得满，事不得全。

鸟飞不尽，话说不完。

人无喜色休开店，事不遂心莫怨天。

人将礼义为先，树将花果为园。

强盗口内出赦书，君子口中无戏言。

贵人语少，贫子话多。

读过古华佗，不如见症多。

志不同己，不必强合。

莫道坐中安乐少，须知世上苦情多。

勤俭持家富，谦恭受益多。

细处不断粗处断，黄梅不落青梅落。

见钱起意便是贼，顺手牵羊乃为盗。

要做快活人，切莫寻烦恼。要做长寿人，莫做短命事。
要做有后人，莫做无后事。

不经一事，不长一智。

宁可无钱使，不可无行止。

栽树要栽松柏，结交要结君子。

秀才不出门，能知天下事。

天旱误甲子，人穷误口齿。

百岁无多日，光阴能几时？

父母养其身，自己立其志。

待有余而济人，终无济人之日；待有闲而读书，终无读书之时。

·格言联璧
　警策身心·

古今来许多世家，无非积德；天地间第一人品，还是读书。

读书即未成名，究竟人高品雅；修德不期获报，自然梦稳心安。

为善最乐，读书便佳。

聪明用于正路，愈聪明愈好，而文学功名益成其美；聪明用于邪路，愈聪明愈谬，而文学功名适济其奸。

战虽有阵，而勇为本；祭虽有仪，而诚为本；丧虽有礼，而哀为本；士虽有学，而行为本。

飘风不可以调宫商，巧妇不可以主中馈，词章之士不可以治国家。

经济出自学问，经济方有本源；心性见之事功，心性方为圆满；舍事功更无学问，求性道不外文章。

何谓至行？曰庸行；何谓大人？曰小心；何以上达？曰下学；何以远道？曰近思。

竭忠尽孝，谓之人；治国经邦，谓之学；安危定变，谓之才；经天纬地，谓之文；霁月光风，谓之度；万物一体，谓之仁。

以心术为本根，以伦理为桢干，以学问为菑畲，以文章为花萼，以事业为结实。以书史为园林，以歌咏为鼓吹，以义理为膏粱，以著述为文绣，以诵读为耕耘，以记问为居积。以前言往行为师友，以忠信笃敬为修持，以作善降祥为受用，以乐天知命为依归。

凛闲居以体独，卜动念以知几，谨威仪以定命，敦大伦以凝道，备百行以考德，迁善改过以作圣。

收吾本心在腔子里，是圣贤第一等学问；尽吾本分在素位中，是圣贤第一等功夫。

万理澄彻，则一心愈精而愈谨；一心凝聚，则万理愈通而愈流。

宇宙内事，乃己分内事；己分内事，乃宇宙内事。

身在天地后，心在天地前；身在万物中，心在万物上。

观天地生物气象，学圣贤克己功夫。下手处是自强不息，成就处是至诚无息。

以圣贤之道教人易，以圣贤之道治己难；以圣贤之道出口易，以圣贤之道躬行难；以圣贤之道奋始易，以圣贤之道克终难。圣贤学问是一套，行王道必本天德；后世学问是两截，不修己只管治人。

口里伊周，心中盗跖，责人而不责己，名为挂榜圣贤；独懔明旦，幽畏鬼神，知人而复知天，方是有根学问。

无根本底气节，如酒汉欧人，醉时勇，醒来退消无分毫气力；无学问底识见，如庖人炀灶，面前明，背后左右无一些照顾。

理以心得为精，故当沉潜，不然耳边口头尔；事以典故为据，故当博洽，不然臆说杜撰也。

只有一毫粗疏处，便认理不真，所以说唯精，不然，众论淆之而必疑；只有一毫二三心，便守理不定，所以说唯一，不然，利害临之而必变。

接人要和中有介，处事要精中有果，认理要正中有通。

在古人之后议古人之失，则易；处古人之位为古人之事，则难。

古之学者，得一善言，附于其身；今之学者，得一善言，务以悦人。

古之君子，病其无能也，学之；今之君子，耻其无能也，讳之。

眼界要阔，遍历名山大川；度量要宏，熟读五经诸史。

先读经后读史，则论事不谬于圣贤；既读史复读经，则观书不徒为章句。

读经传则根底厚，看史鉴则事理通，观云天则眼界宽，去嗜欲则胸怀净。

一庭之内，自有至乐；六经以外，别无奇书。

读未见书，如得良友；见已读书，如逢故人。

何思何虑，居心当如止水；勿取勿忘，为学当如流水。

心不欲杂，杂则神荡而不收；心不欲劳，劳则神疲而不入。

心慎杂欲，则有余灵；目慎杂观，则有余明。

案上不可多书，心中不可少书；鱼离水则身枯，心离书则神索。

志之所趋，无远勿届，穷山距海不能限也；志之所向，无坚不入，锐兵固甲不能御也。

把意念沉潜得下，何理不可得；把志气奋发得起，何事不可为。

不虚心，便如以水沃石，一毫进入不得；不开悟，便如胶柱鼓瑟，一毫转动不得。不体认，便如电光照物，一毫把捉不得；不躬行，便如水行得车、陆行得舟，一毫受用不得。

读书贵能疑，疑乃可以启信；读书在有渐，渐乃克底有成。

看书求理，须令自家胸中点头；与人谈理，须令人家胸中点头。

爱惜精神，留他日担当宇宙；蹉跎岁月，问何时报答君亲。

戒浩饮，浩饮伤神；戒贪色，贪色灭神；戒厚味，厚味昏神；戒饱食，饱食闷神；戒妄动，妄动乱神；戒多言，多言伤神；戒多忧，多忧郁神；戒多思，多思扰神；戒久睡，久睡倦神；戒久读，久读枯神。

性分不可使不足，故其取数也宜多：曰穷理，曰尽性，曰达天，曰入神，曰致广大，极高明；情欲不可使有余，故其取数也宜少：曰谨言，曰慎行，曰约己，曰清心，曰节饮食，寡嗜欲。

大其心，容天下之物；虚其心，受天下之善；平其心，论天下之事；潜其心，观天下之理；定其心，应天下之变。

清明以养吾之神，湛一以养吾之虑，沉警以养吾之识，刚大以养吾之志，果断以养吾之才，凝重以养吾之气，宽裕以养吾之量，严冷以养吾之操。

自家有好处，要掩藏几分，这是涵育以养深；别人不好处，要掩藏几分，这是浑厚以养大。

以虚养心，以德养身；以仁养天下万物，以道养天下万世。

涵养冲虚，便是身世学问；省除烦恼，何等心性安和。

颜子四勿，"非礼勿视，非礼勿听，非礼勿言，非礼勿动"；孟子四端，"恻隐之心，仁之端也；羞恶之心，义之端也；辞让之心，礼之端也；是非之心，智之端也"。

喜怒哀乐而曰未发，是从人心直溯道心，要他存养；未发而曰喜怒哀乐，是从道心指出人心，要他省察。

存养宜冲粹，近春温；省察宜谨严，近秋肃。

就性情上理会，则曰涵养；就念虑上提撕，则曰省察；就气质上销镕，则曰克治。

果决人似忙，心中常有余闲；因循人似闲，心中常有余忙。

寡欲故静，有主则虚。

无欲之谓圣，寡欲之谓贤，多欲之谓凡，徇欲之谓狂。

人之心胸，多欲则窄，寡欲则宽；人之心境，多欲则忙，寡欲则闲；人之心术，多欲则险，寡欲则平；人之心事，多欲则忧，寡欲则乐；人之心气，多欲则馁，寡欲则刚。

宜静默，宜从容，宜谨严，宜俭约，四者，切己良箴；忌多欲，忌妄动，忌坐驰，忌旁骛，四者，切己大病。常操常存，得一恒字诀；勿忘勿助，得一渐字诀。

敬守此心，则心定；敛抑其气，则气平。

人性中不曾缺一物，人性上不可添一物。

君子之心不胜其小，而器量涵盖一世；小人之心不胜其大，而志意拘守一隅。

怒是猛虎；欲是深渊。

忿如火，不遏则燎原；欲如水，不遏则滔天。

惩忿如摧山，窒欲如填壑；惩忿如救火，窒欲如防水。

心一松散，万事不可收拾；心一疏忽，万事不入耳目；心一执着，万事不得自然。

一念疏忽，是错起头；一念决裂，是错到底。

古之学者，在心地上做功夫，故发之容貌，则为盛德之符；今之学者，在容貌上做功夫，故反之于心，则为实德之病。

只是心不放肆，便无过差；只是心不怠忽，便无逸志。

处逆境心，须用开拓法；处顺境心，要用收敛法。

世路风霜，吾人炼心之境也；世情冷暖，吾人忍性之地也；世事颠倒，吾人修行之资也。

名誉自屈辱中彰，德量自隐忍中大。

　　谦退是保身第一法；安详是处事第一法；涵容是待人第一法；恬淡是养心第一法。

　　喜来时一检点，怒来时一检点，怠惰时一检点，放肆时一检点。

　　自处超然，处人蔼然；无事澄然，有事斩然；得意淡然，失意泰然。

　　静能制动，沉能制浮，宽能制偏，缓能制急。

　　天地间真滋味，唯静者能尝得出；天地间真机栝，唯静者能看得透。

　　有才而性缓，定属大才；有智而气和，斯为大智。

　　气忌盛；心忌满；才忌露。

　　有作用者，器宇定是不凡；有智慧者，才情决然不露。

　　意粗性躁，一事无成；心平气和，千祥骈集。

　　世俗烦恼处，要耐得下；世事纷扰处，要闲得下；胸怀牵缠处，要割得下；境地浓艳处，要淡得下；意气忿怒处，要降得下。

　　以和气迎人，则乖沴灭；以正气接物，则妖氛消；以浩气临事，则疑畏释；以静气养身，则梦寐恬。

　　观操存，在利害时；观精力，在饥疲时；观度量，在喜怒时；观镇定，在震惊时。

大事难事看担当，逆境顺境看襟度，临喜临怒看涵养，群行群止看识见。

轻当矫之以重，浮当矫之以实，褊当矫之以宽，执当矫之以圆，傲当矫之以谦，肆当矫之以谨，奢当矫之以俭，忍当矫之以慈，贪当矫之以廉，私当矫之以公。放言当矫之以缄默，好动当矫之以镇静，粗率当矫之以细密，躁急当矫之以和缓，怠隋当矫之以精勤，刚暴当矫之以温柔，浅露当矫之以沉潜，溪刻当矫之以浑厚。

聪明睿知，守之以愚；功被天下，守之以让；勇力振世，守之以怯；道德隆重，守之以谦。

不与居积人争富，不与进取人争贵，不与矜饰人争名，不与少年人争英俊，不与盛气人争是非。

富贵，怨之府也；才能，身之灾也；声名，谤之媒也；欢乐，悲之渐也。

浓于声色，生虚怯病；浓于货利，生贪饕病；浓于功业，生造作病；浓于名誉生矫激病。

想自己身心，到后日置之何处；顾本来面目，在古时像个甚人。

莫轻视此身，三才在此六尺；莫轻视此生，千古在此一日。

醉酒饱肉，浪笑恣谈，却不错过了一日；妄动胡言，昧理从欲，却不作孽了一日。

不让古人，是谓有志；不让今人，是谓无量。

一能胜千，君子不可无此小心；吾何畏彼，丈夫不可无此大志。

怪小人之颠倒是非，不知惯颠倒方为小人；惜君子之受世折磨，不知唯折磨乃见君子。

经一番挫折，长一番识见；容一番横逆，增一番器度；省一分经营，多一分道义；学一分退让，讨一分便宜；增一分享用，减一分福泽；加一分体贴，知一分物情。

不自重者取辱，不自畏者招祸；不自满者受益，不自是者博闻。

有真才者，必不矜才；有实学者，必不夸学。

盖世功劳，当不得一个矜字；弥天罪恶，当不得一个悔字。

诿罪掠功，此小人事；掩罪夸功，此众人事；让美归功，此君子事；分怨共过，此盛德事。

毋毁众人之名，以成一己之善；毋没天下之理，以护一己之过。

大着肚皮容物，立定脚跟做人。实处着脚，稳处下手。

读书有四个字最要紧，曰阙疑好问；做人有四个字最要紧，曰务实耐久。

事当快意时须转，言到快意时须住。

物忌全胜；事忌全美；人忌全盛。

尽前行者地步窄，向后看者眼界宽。

留有余不尽之巧，以还造化；留有余不尽之禄，以还国家；留有余不尽之财，以还百姓；留有余不尽之福，以贻子孙。

四海和平之福，只是随缘；一生牵惹之劳，总因好事。

花繁柳密处拨得开，方见手段；风狂雨骤时立得定，才是脚跟。

步步占先者，必有人以挤之；事事争胜者，必有人以挫之。

能改过，则天地不怒；能安分，则鬼神无权。

言行拟之古人则德进，功名付之天命则心闲；报应念及子孙则事平，受享虑及疾病则用俭。

安莫安于知足，危莫危于多言；贵莫贵于无求，贱莫贱于多欲；乐莫乐于好善，苦莫苦于多贪；长莫长于博识，短莫短于自恃；明莫明于体物，暗莫暗于昧几。

能知足者，天不能贫；能忍辱者，天不能祸；能无求者，天不能贱；能外形骸者，天不能病；能不贪生者，天不能死；能随遇而安者，天不能困；能造就人才者，天不能孤；能以身任天下后世者，天不能绝。

天薄我以福，吾厚吾德以迓之；天劳我以形，吾逸吾心以补之；天危我以遇，吾享吾道以通之；天苦我以境，吾乐吾神以畅之。

吉凶祸福，是天主张；毁誉予夺，是人主张；立身行己，是我主张。

要得富贵福泽，天主张，由不得我；要做贤人君子，我主张，由不得天。

富以能施为德，贫以无求为德，贵以下人为德，贱以忘势为德。

护体面，不如重廉耻；求医药，不如养性情；立党羽，不如昭信义；作威福，不如笃至诚；多言语，不如慎隐微；博声名，不如正心术；恣豪华，不如乐名教；广田宅，不如教义方。

行己恭，责躬厚，接众和，立心正，进道勇。择友以求益，改过以全身。

敬为千圣授受真源，慎乃百年提撕紧钥。

度量如海涵春育，应接如流水行云，操存如青天白日，威仪如丹凤祥麟，言论如敲金戛石，持身如玉洁冰清，襟抱如光风霁月，气概如乔岳泰山。

海阔从鱼跃，天空任鸟飞，非大丈夫不能有此度量；振衣千仞冈，濯足万里流，非大丈夫不能有此气节；珠藏泽自媚，玉韫山含辉，非大丈夫不能有此蕴藉；月到梧桐上，风来杨柳边，非大丈夫不能有此襟怀。

处草野之日，不可将此身看得小；居廊庙之日，不可将此身看得大。

只一个俗念头，错做了一生人；只一双俗眼睛，错认了一生人。

心不妄念，身不妄动，口不妄言，君子所以存诚；内不欺己，外不欺人，上不欺天，居子所以慎独；不愧父母，不愧兄弟，不愧妻子，君子所以宜家；不负国家，不负生民，不负所学，君子所以用世。

以性分言，无论父子兄弟，即天地万物，皆一体耳，何物非我，于此信得及，则心体廓然矣；以外物言，无论功名富贵，即四肢百骸，亦躯壳耳，何物是我，于此信得及，则世味淡然矣。

有补于天地曰功，有关于世教曰名，有学问曰富，有廉耻曰贵，是谓功名富贵；无为曰道，无欲曰德，无习于鄙陋曰文，无近于暧昧曰章，是谓道德文章。

困辱非忧，取困辱为忧；荣利非乐，忘荣利为乐。

热闹荣华之境，一过辄生凄凉；清真冷淡之为，历久愈有意味。

心志要苦，意趣要乐，气度要宏，言动要谨。

心术以光明笃实为第一，容貌以正大老成为第一，言语以简重真切为第一。

勿吐无益身心之语，勿为无益身心之事，勿近无益身心之人，勿入无益身心之境，勿展无益身心之书。

此生不学一可惜，此日闲过二可惜，此身一败三可惜。

君子胸中所常体，不是人情是天理；君子口中所常道，不是人伦是世教；君子身中所常行，不是规矩是准绳。

休诿罪于气化，一切责之人事；休过望于世间，一切求之我身。

自责之外，无胜人之术；自强之外，无上人之术。

书有未曾经我读，事无不可对人言。

闺门之事可传，而后知君子之家法矣；近习之人起敬，而后知君子之身法矣。

门内罕闻嬉笑怒骂，其家范可知；座右遍陈善书格言，其志趣可想。

慎言动于妻子仆隶之间，检身人于食息起居之际。

语言间尽可积德，妻子间亦是修身。

昼验之妻子，以观其行之笃与否也；夜考之梦寐，以卜其志之定与否也。

欲理会七尺，先理会方寸；欲理会六合，先理会一腔。

世人以七尺为性命，君子以性命为七尺。

气象要高旷，不可疏狂；心思要缜密，不可琐屑；趣味要冲淡，不可枯寂；操守要严明，不可激烈。

聪明者，戒太察；刚强者，戒太暴；温良者，戒无断。

勿施小惠伤大体，毋借公道遂私情。以情恕人，以理律己。

以恕己之心恕人，则全交；以责人之心责己，则寡过。

力有所不能，圣人不以无可奈何者责人；心有所当尽，圣人不以无可奈何者自诿。

众恶必察，众好必察易；自恶必察，自好必察难。

见人不是，诸恶之根；见己不是，万善之门。

不为过三字，昧却多少良心；没奈何三字，抹却多少体面。

品诣常看胜如我者，则愧耻自增；享用常看不如我者，则怨尤自泯。

家坐无聊，亦念食力担夫红尘赤日；官阶不达，尚有高才秀士白首青衿。

将啼饥者比，则得饱自乐；将号寒者比，则得暖自乐；将劳役者比，则悠闲自乐；将疾病者比，则康健自乐；将祸患者比，则平安自乐；将死亡者比，则生存自乐。

常思终天抱恨，自不得不尽孝心；常思度日艰难，自不得不节费用；常思人命脆薄，自不得不加修持；常思世态炎凉，自不得不奋志气；常思法网难漏，自不得不戒非为；常思身命易倾，自不得不存善念。

以媚字奉亲，以淡字交友，以苟字省费，以拙字免劳，以聋字止谤，以盲字远色，以吝字防口，以病字医淫，以贪字读书，以疑字穷理，以刻字责己，以迂字守礼，以狠字立志，以傲字植骨，以痴字救贫，以空字解忧，以弱字御侮，以悔字改过，以懒字抑奔竞风，以惰字屏尘俗事。

对失意人，莫谈得意事；处得意日，莫忘失意时。

一动于欲，欲迷则昏；一任乎气，气偏则戾。

贫贱是苦境，能善处者自乐；富贵是乐境，不善处者更苦。

恩里由来生害，故快意时须早回头；败后或反成功，故拂心处莫便放手。

深沉厚重，是第一等资质；磊落雄豪，是第二等资质；聪明才辩，是第三等资质。

上士忘名，中士立名，下士窃名；上士闭心，中士闭口，下士闭门。

好讦人者身必危，自甘为愚，适成其保身之智；好自夸者人多笑，自舞其智，适见其欺人之愚。

闲暇出于精勤，恬适出于畏惧；无思出于能虑，大胆出于小心。

平康之中，有险阴焉；衽席之内，有鸩毒焉；衣食之间，有祸败焉。

居安虑危，处治思乱。

天下之势，以渐而成；天下之事，以积而居。

祸到休愁，也要会救；福来休喜，也要会受。

天欲祸人，先以微福骄之；天欲福人，先以微祸儆之。

傲僈之人骤得通显，天将重刑之也；疏放之人艰于进取，天将曲赦之也。

小人亦有坦荡荡处，无所忌惮是也；君子亦有长戚戚处，终身之忧是也。

水，君子也，其性冲、其质白、其味淡，其为用也，可以浣不洁者而使洁，即沸汤中投以油，亦自分别而不相混，诚哉君子也；油，小人也，其性滑、其质腻、其味浓，其为用也，可以污洁者而使不洁，倘滚油中投以水，必至激搏而不相容，诚哉小人也。

凡阳必刚，刚必明，明则易知；凡阴必柔，柔必暗，暗则难测。

称人以颜子，无不悦者，忘其贫贱而夭；指人以盗跖，无不怒者，忘其富贵而寿。

事事难上难，举足常虞失坠；件件想一想，浑身都是过差。

怒宜实力消融，过要细心检点。

探理宜柔，优游涵泳始可以自得；决欲宜刚，勇猛奋迅始可以自新。

惩忿窒欲，其象为损，得力在一忍字；迁善改过，其象为益，得力在一悔字。

富贵如传舍，唯谨慎可得久居；贫贱如敝衣，唯勤俭可以脱卸。

俭则约，约则百善俱兴；侈则肆，肆则百恶俱纵。

奢者富不足，俭者贫有余；奢者心常贫，俭者心常富。

贪饕以招辱，不若俭而守廉；干请以犯义，不若俭而全节；侵牟以聚怨，不若俭而养心；放肆以遂欲，不若俭而安性。

静坐然后知平日之气浮，守默然后知平日之言躁，省事然后知平日之心忙，闭户然后知平日之交滥，寡欲然后知平日之病多，近情然后知平日之念刻。

无病之身不知其乐也，病生始知无病之乐；无事之家不知其福也，事至始知无事之福。

有一乐境界，即有一不乐者相对待；有一好光景，便有一不好底相乘除。

不可吃尽，不可穿尽，不可说尽；又要懂得，又要做得，又要耐得。

难消之味休食，难得之物休蓄，难酬之恩休受，难久之友休交，难再之时休失，难守之财休积，难雪之谤休辩，难释之忿休较。

饭休不嚼便咽，路休不看便走，话休不想便说，事休不思便做，衣休不慎便脱，财休不审便取，气休不忍便动，友休不择便交。

为善如负重登山，志虽已确，而力犹恐不及；为恶如乘骏走坡，鞭虽不加，而足不禁其前。

防欲如挽逆水之舟，才歇手，便下流；为善如缘无枝之树，才住脚，便下坠。

胆欲大，心欲小；智欲圆，行欲方。

真圣贤决非迂腐，真豪杰断不粗疏。

谦，美德也，过谦者怀诈；默，懿行也，过默者藏奸。

圆融者无诡随之态，精细者无苛察之心，方正者无乖拂之失，沉默者无阴险之术，诚笃者无椎鲁之累，光明者无浅露之病，劲直者无径情之偏，执持者无拘泥之迹，敏炼者无轻浮之状。

才不足则多谋，识不足则多事，威不足则多怒，信不足则多言。勇不足则多劳，明不足则多察，理不足则多辩，情不足则多仪。

小人只怕他有才，有才以济之，流害无穷；君子只怕他无才，无才以行之，虽贤何补。

慎风寒，节饮食，是从吾身上却病法；寡嗜欲，戒烦恼，是从吾心上却病法。

少思虑以养心气，寡色欲以养肾气，常运动以养骨气，戒嗔怒以养肝气，薄滋味以养胃气，省言语以养神气，多读书以养胆气，顺时令以养元气。

忧愁则气结，愤怒则气逆，恐惧则气陷，拘迫则气郁，急遽则气耗。

行欲徐而稳，立欲定而恭，坐欲端而正，声欲低而和。

心神欲静，骨力欲动，胸怀欲开，筋骨欲硬，脊梁欲直，肠胃欲净，舌端欲卷，脚跟欲定，耳目欲清，精魂欲正。

多静坐以收心，寡酒色以清心，去嗜欲以养心，诵古训以警心，悟至理以明心。

宠辱不惊，肝木自宁；动静以敬，心火自定；饮食有节，脾土不泄；调息寡言，肺金自全；恬淡寡欲，肾水自足。

道生于安静，德生于卑退，福生于清俭，命生于和畅。

拙字可以寡过，缓字可以免悔，退字可以远祸，苟字可以养气，静字以可益寿。

毋以妄心戕真心，勿以客气伤元气。

人知言语足以彰吾德，而不知慎言语乃所以养吾德；人知饮食足以益吾身，而不知节饮食乃所以养吾身。

闹时炼心，静时养心，坐时守心，行时验心，言时省心，动时制心。

木有根则荣，根坏则枯；鱼有水则活，水涸则死；灯有膏则明，膏尽则灭；人有真精，保之则寿，戕之则夭。

欲做精金美玉的人品，定从烈火中锻来；思立揭地掀天的事功，须向薄冰上履过。

人争求荣，就其求之之时，已极人间之辱；人争恃宠，就其恃之之时，已极人间之贱。

丈夫之高华，只在于功名气节；鄙夫之炫耀，但求诸服饰起居。

贫贱时，眼中不着富贵，他日得志必不骄；富贵时，意中不忘贫贱，一旦退休必不怨。

贵人之前莫言贱，彼将谓我求其荐；富人之前莫言贫，彼将谓我求其怜。

小人专望受人恩，受过辄忘；君子不轻受人恩，受则必报。

处众以和，贵有强毅不可夺之力；持己以正，贵有圆通不固执之权。

使人有面前之誉，不若使人无背后之毁；使人有乍处之欢，不若使人无久处之厌。

处难处之事愈宜宽，处难处之人愈宜厚，处至急之事愈宜缓，处至大之事愈宜平，处疑难之际愈宜无意。

无事时常照管此心，兢兢然若有事；有事时却放下此心，坦坦然若无事。无事如有事，提防才可弭意外之变；有事如无事，镇定方可消局中之危。

日日行，不怕千万里；常常做，不怕千万事。

过去事，丢得一节是一节；现在事，了得一节是一节；未来事，省得一节是一节。

强不知以为知，此乃大愚；本无事而生事，是谓薄福。

居处必先精勤，乃能闲暇；凡事务求停妥，然后逍遥。

天下最有受用，是一闲字，闲字要从勤中得来；天下最讨便宜，是一勤字，勤字要从闲中做出。

自己做事，切须不可迂滞，不可反复，不可琐碎；代人做事，极要耐得迂滞，耐得反复，耐得琐碎。

谋人事如己事，而后虑之也审；谋己事如人事，而后见之也明。

置其身于是非之外，而后可以折是非之中；置其身于利害之外，而后可以观利害之变。

任事者，当置身利害之外；建言者，当置身利害之中。

无事时，戒一偷字；有事时，戒一乱字。

提得起，放得下；算得到，做得完；看得破，撇得开。

救已败之事者，如驭临崖之马，休轻策一鞭；图垂成之功者，如挽上滩之舟，莫少停一棹。

以真实肝胆待人，事虽未必成功，日后人必见我之肝胆；以诈伪心肠处事，人即一时受惑，日后人必见我之心肠。

天下无不可化之人，但恐诚心未至；天下无不可为之事，只怕立志不坚。

处人不可任己意，要悉人之情；处事不可任己见，要悉事之理。

见事贵乎理明，处事贵乎心公。

君子当事，则小人皆为君子，至此不为君子，真小人也；小人当事，则众人皆为小人，至此不为小人，真君子也。

居官先厚民风，处事先求大体。

论人当节取其长，曲谅其短；做事必先审其害，后计其利。

小人处事，于利合者为利，于利背者为害；君子处事，于义合者为利，于义背者为害。

事到手，切莫急，便要缓缓想；想得时，切莫缓，便要急急行。

事有机缘，不先不后，刚刚凑巧；命若蹭蹬，走来走去，步步踏空。

·前人俗语
　言浅理深·

百岁光阴如捻指，人生七十古来稀。

赶路赶早不赶晚，时间能挤不能放。

日月莫闲过，青春不再来。

花开花谢年年有，人老何曾再少年。

好花不常开，好景不常在。

枯木逢春犹再发，人无两度再青春。

时间一分，贵如千金。

忙时心不乱，闲时心不散。

明月不常圆，好花容易落。

水流东海不回头，误了青春枉发愁。

无情岁月增中减，莫到白首空悲切。

花开花落不间断，春夏秋冬紧相连。

今日事今日毕，留到明天更着急。

日出唤醒大地，读书唤醒头脑。

读书之贵在怀疑，怀疑才能获教益。

好书即良友，须臾不可丢。

书要常念，拳要常练。

要知天下事，须读古人书。

要通古今事，须看五车书。

书山有路勤为径，学海无涯苦作舟。

案上不可少书，心中不可少思。

火不吹不会旺，人不学不会懂。

钟不敲不鸣，人不学不灵。

一日读书一日功，一日不读十日空。

骄傲来自浅薄，狂妄出于无知。

骄傲跌在门前，谦虚走遍天下。

常读口里顺，常写手不笨。

蚂蚁爬树不怕高，有心学习不怕老。

不学无术目光浅，勤奋好学前程远。

补漏趁天晴，读书趁年轻。

刀不磨要生锈，人不学要落后。

平时不肯学，用时悔不迭。

吃饭要细嚼，读书要深钻。

刀儿越使越亮，知识越积越多。

锻炼不刻苦，纸上画老虎。

不知，问有益；不会，学有益。

不吃饭则饥，不读书则愚。

肯问人者聪明，假装懂者愚蠢。

不要千样会，只要一样精。

木不凿不通，人不学不懂。

鼓不打不响，事不做不成，人不学无术。

吃饭不忘田，吃鱼不忘河。

仙丹难治没良心。

你帮别人应忘掉，别人帮你要记牢。

病愈莫忘良医，过山莫忘坐骑。

恭可释怒，让可息争。

将军额上跑下马，宰相肚里好撑船。

得罢手时须罢手，得饶人处且饶人。

饶人不是痴，痴汉不饶人。

泰山不让土壤，故能成其大。

忍一时风平浪静，退一步海阔天空。

一日省一口，三年凑成几百斗。

一日节省一根线，三月就能把牛拴。

冬不节约春要愁，夏不劳动秋无收。

厚积不如薄取，滥求不如减用。

要学细水长流，莫学暴洪满山。

大吃大喝一时香，细水长流日子长。

当用花万金不惜，不当用一文不费。

年年有储存，荒年不愁人。

胸有凌云志，无高不可攀。

万丈高楼平地起，有志何怕出身低。

有心大海能捞针，无心小事也难成。

好马不吃回头草，好蜂不采落地花。

草若无根不发芽，人若无志不奋发。

鸟无翅膀不能飞，人无志气无作为。

钢铁怕火炼，困难怕志坚。

海边岩石坚，不怕浪来颠。

虎瘦雄心在，人穷志不衰。

立志而无恒，终究事无成。

少无志气，老无出息。

无志者千难万难，有志者千方百计。

无志之人常立志，有志之人立长志。

好儿不争家产，好女不争嫁衣。

船的力量在帆上，人的力量在心上。

饭食要吃暖，衣服要穿宽。

冬吃萝卜夏吃姜，不劳医生开药方。

衣不差寸，鞋不差分。

一生身体强，烟酒不要尝。

不要饥极而食，不要渴极而饮。

最亲莫过母子，最爱莫如夫妻。

莫求金银堆成山，但愿子孙都成才。

家养母鸡三只，不愁油盐开支。

河深海深，最深莫过父母恩。

前三十年父养子，后三十年子养父。

知人知面不知心，知山知水不知深。

多个朋友多条路，多个冤家多道墙。

弹琴知音，谈话知心。

结交要像长流水，莫学杨柳一时青。

非亲有义须当敬，是友无情不可交。

交友交义不交财，择友择智不择貌。

人多力量大，柴多火焰高。

一个篱笆三个桩，一个好汉三个帮。

人帮人成王，土帮土成墙。

雪前送炭好，雨后送伞迟。

千金难买雪里炭，一文不值锦上花。

明者见于无形，智者虑于未萌。

蛟龙岂是池中物，未遇风云升不得。

开水不响，响水不开。

武艺不学不通，本领不练不精。

天荒饿不死手艺人。

镜子不擦起灰尘，人不勤劳成废人。

不动扫帚地不光，不动锅铲饭不香。

懒汉一伸腰，勤汉走三遭。

勤劳和智慧是双胞胎，懒惰和愚笨是亲兄弟。

宁可笨不可懒，宁苦干不苦熬。

人勤穷不久，人懒富不长。

勤是摇钱树，俭是聚宝盆。

知识在于积累，天才在于勤奋。

饿得死懒汉，饿不死穷汉。

不费心血花不开，不下苦功甜不来。

不识农时难丰收，不勤奋就难进步。

深水莫畏渡，事难莫停步。

撒网要撒迎头网，开船要开顶风船。

怕走崎岖路，莫想攀高峰。

狭路相逢勇者胜，胆怯之人受欺凌。

别因河深不渡河，别因困难不进取。

纵子如纵虎，骄子如杀子。

不严不成器，过严防不虞。

杂草铲除要趁早，孩子教育要从小。

牛要耕田马要骑，孩子不管要顽皮。

树不修不成材，儿不育不成人。

树小扶直易，树大扳直难。

巧匠能使弯树成材，良师能使逆子归正。

话未说前先考虑，鸟未飞前先展翅。

蛇毒在牙齿，人毒在舌头。

一言能惹塌天祸，话不三思休启口。

坐有坐相，睡有睡相，睡觉要像弯月亮。

看其面不如听其言，听其言不如察其行。

看碗知酒量，看伴知德行。

闲话不御寒，空话不抵饿。

大水没有杂音，贤人没有狂言。

要学老牛勤耕田，莫学鹦哥尽练嘴。

光说不练假把式，光练不说傻把式。

人不求人一般大，水不下滩一样平。

和事不丧理，让人不为低。

前人俗语，言浅理深

观棋不语真君子，落子无悔大丈夫。

成事皆因多远虑，败事都由少思考。

出言顺人心，做事循天理。

光说不干，事事落空；又说又干，马到成功。

百年成之不足，一朝坏事有余。

牛角长了总会弯，人心贪了准失败。

怕摔跤爬不上山，怕失败干不成事。

失败是成功之母，骄傲为失败之因。

闲时做来急时用，渴了挖井不现成。

山水未来先筑堤，未到河边先脱靴。

一场春雨一场暖，一场秋雨一场寒。

冬睡不蒙首，春睡不露背。

立冬晴，一冬晴；立冬雨，一冬雨；立冬小雪，地冻如铁。

谷雨前后一场雨，胜似秀才中了举。

过了谷雨到立夏，先种黍子后种麻。

立冬不起菜，必定要受害。

纸做花儿不结果，蜡做芯儿近不得火。

鸡大飞不过墙，灶灰筑不成墙。

看人挑担不吃力，自己挑担步步歇。

一心想赶两只兔，反而落得两手空。

一年算得三次命，无病也要变有病。

人心不足蛇吞象，贪心不足吃月亮。

伶俐人一拨三转，糊涂人棒打不回。

好药难治冤孽病，好话难劝糊涂虫。

山是一步一步登上来的，船是一橹一橹摇出去的。

万句言语吃不饱，一捧流水能解渴。

人有恒心万事成，人无恒心万事崩。

不上高山，不显平地。

笨人先起身，笨鸟早出林。

草若无芯不发芽，人若无心不发达。

出门问路，入乡问俗。

老姜辣味大，老人经验多；老马识路数，老人通世故。

迟干不如早干，蛮干不如巧干。

礼多人不怪，油多不坏菜。

·诗词曲赋
　　触动心弦·

莫愁前路无知己，天下谁人不识君。

——高适

故乡今夜思千里，愁鬓明朝又一年。

——高适

劝君更尽一杯酒，西出阳关无故人。

——王维

谁怜越女颜如玉，贫贱江头自浣纱。

——王维

君宠益娇态，君怜无是非。

——王维

明月松间照，清泉石上流。

——王维

遥知兄弟登高处，遍插茱萸少一人。

——王维

江东子弟多才俊，卷土重来未可知。

——杜牧

凭君莫射南来雁，恐有家书寄远人。

——杜牧

一骑红尘妃子笑，无人知是荔枝来。

——杜牧

千里莺啼绿映红，水村山郭酒旗风。

——杜牧

天子号仁圣，任贤如事师。

——杜牧

二十四桥明月夜，玉人何处教吹箫？

——杜牧

远上寒山石径斜，白云生处有人家。

——杜牧

读书谓已多，抚事知不足。

——王安石

不畏浮云遮望眼，自缘身在最高层。

——王安石

浓绿万枝红一点，动人春色不须多。

——王安石

江东子弟今虽在，肯与君王卷土来。

——王安石

春风又绿江南岸，明月何时照我还。

——王安石

墙角数枝梅，凌寒独自开。

——王安石

世间无限丹青手，一片伤心画不成。

——高蟾

谁谓伤心画不成，画人心逐世人情。

——韦庄

别来半岁音书绝，一寸离肠千万结。

——韦庄

夜夜相思更漏残，伤心明月凭阑干，想君思我锦衾寒。

——韦庄

独上小楼春欲暮，愁望玉关芳草路。

——韦庄

未老莫还乡，还乡须断肠。

——韦庄

不知魂已断，空有梦相随。除却天边月，没人知。

——韦庄

妾拟将身嫁与，一生休。纵被无情弃，不能羞。

——韦庄

春水碧于天，画船听雨眠。

——韦庄

昨风一吹无人会，今夜清光似往年。

——白居易

我有所念人，隔在远远乡。我有所感事，结在深深肠。

——白居易

思悠悠，恨悠悠，恨到归时方始休。月明人倚楼。

——白居易

临别殷勤重寄词，词中有誓两心知。

——白居易

相恨不如潮有信，相思始觉海非深。

——白居易

天长地久有时尽，此恨绵绵无绝期。

——白居易

在天愿作比翼鸟，在地愿为连理枝。

——白居易

羌笛何须怨杨柳，春风不度玉门关。

——王之涣

欲穷千里目，更上一层楼。

——王之涣

早知如此绊人心，何如当初莫相识。

——李白

安能摧眉折腰事权贵，使我不得开心颜。

——李白

桃花潭水深千尺，不及汪伦送我情。

——李白

我寄愁心与明月，随风直到夜郎西。

——李白

飞流直下三千尺，疑是银河落九天。

——李白

举杯邀明月，对影成三人。

——李白

诗词曲赋，触动心弦

孤帆远影碧空尽，唯见长江天际流。

——李白

长风几万里，吹度玉门关。

——李白

郎骑竹马来，绕床弄青梅。

——李白

一枝红艳露凝香，云雨巫山枉断肠。

——李白

思归未可得，书此谢情人。

——李白

孤灯不明思欲绝，卷帷望月空长叹。

——李白

天长路远魂飞苦，梦魂不到关山难，长相思，摧心肝。

——李白

入我相思门，知我相思苦，长相思兮长相忆，短相思兮无穷极。

——李白

相思相见知何日？此时此夜难为情。

——李白

当君怀归日，是妾断肠时。

——李白

君为女萝草，妾作菟丝花。

——李白

忆与君别年，种桃齐蛾眉。

——李白

君歌杨叛儿，妾劝新丰酒。

——李白

相思无因见，怅望凉风前。

——李白

美人结长想，对此心凄然。

——李白

乌啼隐杨花，君醉留妾家。

——李白

无作牛山悲，恻怆泪沾臆。

——李白

弃我去者，昨日之日不可留；乱我心者，今日之日多烦忧。

——李白

碧水浩浩云茫茫，美人不来空断肠。

——李白

秀色掩今古，荷花羞玉颜。

——李白

平生不下泪，于此泣无穷。

——李白

君看石芒砀，掩泪悲千古。

——李白

燕支长寒雪作花，蛾眉憔悴没胡沙。

——李白

树深时见鹿，溪午不闻钟。

——李白

自在飞花轻似梦，无边丝雨细如愁。宝帘闲挂小银钩。

——秦观

两情若是久长时，又岂在朝朝暮暮。

——秦观

夜月一帘幽梦，春风十里柔情。

——秦观

雾失楼台，月迷津渡。桃源望断无寻处。

——秦观

最无端处，总把良宵，只恁孤眠却。

——柳永

自春来、惨绿愁红，芳心是事可可。

——柳永

一场寂寞凭谁诉。算前言，总轻负。

——柳永

多情自古伤离别。更那堪，冷落清秋节。

——柳永

此去经年，应是良辰好景虚设。便纵有，千种风情，更与何人说。

——柳永

衣带渐宽终不悔，为伊消得人憔悴。

——柳永

执手相看泪眼，竟无语凝噎。

——柳永

望处雨收云断，凭栏悄悄，目送秋光。

——柳永

遣情伤。故人何在，烟水茫茫。难忘。

——柳永

只愿君心似我心，定不负相思意。

——李之仪

平生不会相思，才会相思，便害相思。

——徐再思

身似浮云，心如飞絮，气若游丝。空一缕余香在此，盼千金游子何之。

——徐再思

云中谁寄锦书来，雁字回时，月满西楼。

——李清照

风住尘香花已尽，日晚倦梳头。物是人非事事休，欲语泪先流。

——李清照

此情无计可消除，才下眉头，却上心头。

——李清照

枕上诗书闲处好，门前风景雨来佳

——李清照

和羞走，倚门回首，却把青梅嗅。

——李清照

莫道不销魂，帘卷西风，人比黄花瘦。

——李清照

醉里挑灯看剑，梦回吹角连营。八百里分麾下炙，五十弦翻塞外声。沙场秋点兵。

——辛弃疾

世间应有，芳甘浓美，不到吾家门户。

——辛弃疾

众里寻他千百度，蓦然回首，那人却在，灯火阑珊处。

——辛弃疾

君如无我，问君怀抱向谁开。

——辛弃疾

若教眼底无离恨，不信人间有白头。

——辛弃疾

千金纵买相如赋，脉脉此情谁诉。

——辛弃疾

平生塞北江南，归来华发苍颜。布被秋宵梦觉，眼前万里江山。

——辛弃疾

玲珑骰子安红豆，入骨相思知不知。

——温庭筠

秦女含颦向烟月，愁红带露空迢迢。

——温庭筠

过尽千帆皆不是，斜晖脉脉水悠悠，肠断白蘋洲。

——温庭筠

终日两相思，为君憔悴尽，百花时。

——温庭筠

梧桐树，三更雨，不道离情正苦。一叶叶，一声声，空阶滴到明。

——温庭筠

直道相思了无益，未妨惆怅是清狂。

——李商隐

客散酒醒深夜后，更持红烛赏残花。

——李商隐

阶下青苔与红树，雨中寥落月中愁。

——李商隐

沧海月明珠有泪，蓝田日暖玉生烟。

——李商隐

蓬山此去无多路，青鸟殷勤为探看。

——李商隐

贾生年少虚垂泪，王粲春来更远游。

——李商隐

嫦娥应悔偷灵药，碧海青天夜夜心。

——李商隐

岂能无意酬乌鹊，惟与蜘蛛乞巧丝。

——李商隐

春心莫共花争发，一寸相思一寸灰。

——李商隐

深知身在情长在，怅望江头江水声。

——李商隐

身无彩凤双飞翼，心有灵犀一点通。

——李商隐

此情可待成追忆，只是当时已惘然。

——李商隐

春蚕到死丝方尽，蜡炬成灰泪始干。

——李商隐

枫树夜猿愁自断，女萝山鬼语相邀。

——李商隐

何当共剪西窗烛，却话巴山夜雨时。

——李商隐

夕阳无限好，只是近黄昏。

——李商隐

若有知音见采，不辞遍唱阳春。

——晏殊

欲寄彩笺兼尺素。山长水阔知何处。

——晏殊

鸿雁在云鱼在水，惆怅此情难寄。

——晏殊

无情不似多情苦，一寸还成千万缕。

——晏殊

天涯地角有穷时，只有相思无尽处。

——晏殊

劝君莫作独醒人，烂醉花间应有数。

——晏殊

满目山河空念远，落花风雨更伤春。不如怜取眼前人。

——晏殊

无可奈何花落去，似曾相识燕归来。小园香径独徘徊。

——晏殊

诗词曲赋，触动心弦

多情只有春庭月，犹为离人照落花。

——张泌

山一程，水一程，身向榆关那畔行，夜深千帐灯。风一更，雪一更，聒碎乡心梦不成，故园无此声。

——纳兰性德

凄凉别后两应同，最是不胜清苑月明中。

——纳兰性德

人生若只如初见，何事秋风悲画扇。等闲变却故人心，却道故人心易变。

——纳兰性德

我是人间惆怅客，知君何事泪纵横，断肠声里忆平生。

——纳兰性德

麦浪翻晴风飐柳，已过伤春候。

——纳兰性德

曲阑深处重相见，匀泪偎人颤。

——纳兰性德

还怕两人俱薄命，再缘悭、剩月零风里。

——纳兰性德

人生须行乐，君知否？容易两鬓萧萧。

——纳兰性德

不知何事萦怀抱，醒也无聊，醉也无聊。

——纳兰性德

若似月轮终皎洁，不辞冰雪为卿热。

——纳兰性德

相思相望不相亲，天为谁春。

——纳兰性德

人到情多情转薄，而今真个不多情。

——纳兰性德

相思本是无凭语，莫向花笺费泪行。

——晏几道

相寻梦里路，飞雨落花中。

——晏几道

劝君频入醉乡来，此是无愁无恨处。

——晏几道

两鬓可怜青，只为相思老。

——晏几道

从别后，忆相逢，几回魂梦与君同。

——晏几道

梦后楼台高锁，酒醒帘幕低垂。去年春恨却来时。

——晏几道

落花人独立，微雨燕双飞。记得小苹初见，两重心字罗衣。

——晏几道

琵琶弦上说相思。当时明月在，曾照彩云归。

——晏几道

一重山，两重山，山远天高烟水寒，相思枫叶丹。菊花开，菊花残，塞雁高飞人未还，一帘风月闲。

——李煜

林花谢了春红，太匆匆，无奈朝来寒雨晚来风。胭脂泪，相留醉，几时重？自是人生长恨水长东。

——李煜

奴为出来难，教君恣意怜。

——李煜

往事已成空，还如一梦中。

——李煜

离恨却如春草，更行更远还生。

——李煜

车如流水马如龙，花月正春风。

——李煜

梦里不知身是客，一晌贪欢。

——李煜

问君能有几多愁，恰似一江春水向东流。

——李煜

樱花落尽阶前月，象床愁倚薰笼。

——李煜

春花秋月何时了？往事知多少。

——李煜

北方有佳人，绝世而独立。

——李延年

南国有佳人，容华若桃李。

——曹植

君若扬路尘，妾若浊水泥。浮沉各异势，会合何时谐。

——曹植

晓看天色暮看云，行也思君，坐也思君。

——唐寅

惊觉相思不露，原来只因已入骨。

——汤显祖

世事一场大梦，人生几度秋凉，夜来风叶已鸣廊，看取眉头鬓上。

——苏轼

酒贱常愁客少，月明多被云妨，中秋谁与共孤光，把盏凄然北望。

——苏轼

竹外桃花三两枝，春江水暖鸭先知。

——苏轼

我欲乘风归去，又恐琼楼玉宇，高处不胜寒。

——苏轼

诗词曲赋，触动心弦

225

万事到头都是梦，休休。明日黄花蝶也愁。

——苏轼

若待得君来向此，花前对酒不忍触。

——苏轼

似花还似非花，也无人惜从教坠。

——苏轼

十年生死两茫茫，不思量，自难忘。

——苏轼

休对故人思故国，且将新火试新茶。诗酒趁年华。

——苏轼

人生如逆旅，我亦是行人。

——苏轼

清夜无尘，月色如银。酒斟时、须满十分。

——苏轼

人有悲欢离合，月有阴晴圆缺，此事古难全。但愿人长久，千里共婵娟。

——苏轼

回首向来萧瑟处，归去，也无风雨也无晴。

——苏轼

水光潋滟晴方好，山色空蒙雨亦奇。

——苏轼

大江东去，浪淘尽，千古风流人物。

——苏轼

乱石穿空，惊涛拍岸，卷起千堆雪。

——苏轼

横看成岭侧成峰，远近高低各不同。

——苏轼

博观而约取，厚积而薄发。

——苏轼

山之高，月出小。月之小，何皎皎。

——张玉娘

我有所思在远道，一日不见兮，我心悄悄。

——张玉娘

花开堪折直须折，莫待无花空折枝。

——无名氏

上言加餐食，下言长相忆。

——无名氏

君生我未生，我生君已老。

——无名氏

关山难越，谁悲失路之人。萍水相逢，尽是他乡之客。

——王勃

诗词曲赋，触动心弦

落霞与孤鹜齐飞，秋水共长天一色。

——王勃

海内存知己，天涯若比邻。

——王勃

逢人不说人间事，便是人间无事人。

——杜荀鹤

曾经沧海难为水，除却巫山不是云。

——元稹

唯将终夜长开眼，报答平生未展眉。

——元稹

取次花丛懒回顾，半缘修道半缘君。

——元稹

诚知此恨人人有，贫贱夫妻百事哀。

——元稹

望夫处，江悠悠。化为石，不回头。

——王建

有美人兮，见之不忘，一日不见兮，思之如狂。

——司马相如

还君明珠双泪垂，恨不相逢未嫁时。

——张籍

感君缠绵意，系在红罗襦。

——张籍

知君用心如日月，事夫誓拟同生死。

——张籍

洛阳城里见秋风，欲作家书意万重。复恐匆匆说不尽，行人临发又开封。

——张籍

泪眼问花花不语，乱红飞过秋千去。

——欧阳修

祸患常积于忽微，而智勇多困于所溺。

——欧阳修

尊前拟把归期说，未语春容先惨咽。

——欧阳修

离愁渐远渐无穷，迢迢不断如春水。

——欧阳修

人生自是有情痴，此恨不关风与月。

——欧阳修

庭院深深深几许，杨柳堆烟，帘幕无重数。

——欧阳修

惹恼了寸寸柔肠，盈满了微微粉泪。

——欧阳修

愿我如星君如月，夜夜流光相皎洁。

——范成大

嗟余只影系人间，如何同生不同死。

——陈衡恪

相思树底说相思，思郎恨郎郎不知。

——梁启超

落红不是无情物，化作春泥更护花。

——龚自珍

纵使文章惊海内，纸上苍生而已。

——龚自珍

风不定，人初静，明日落红应满径。

——张先

天不老，情难绝。心似双丝网，中有千千结。

——张先

似此星辰非昨夜，为谁风露立中宵。

——黄景仁

相思一夜情多少，地角天涯未是长。

——张仲素

碧窗斜月蔼深晖，愁听寒螀泪湿衣。

——张仲素

一寸相思千万绪，人间没个安排处。

——李冠

问世间，情为何物，直教生死相许。

——元好问

兽炉沉水烟，翠沼残花片。一行行写入相思传。

——张可久

山中何事？松花酿酒，春水煎茶。

——张可久

重叠泪痕缄锦字，人生只有情难死。

——文廷式

开辟鸿蒙，谁为情种？都只为风月情浓。

——曹雪芹

他生莫作有情痴，人间无地著相思。

——况周颐

可怜无定河边骨，犹是春闺梦里人。

——陈陶

结发为夫妻，恩爱两不疑。

——苏武

征夫怀远路，起视夜何其？参辰皆已没，去去从此辞。

——苏武

生当复来归，死当长相思。

——苏武

寻好梦，梦难成。况谁知我此时情。枕前泪共帘前雨，隔个窗儿滴到明。

——聂胜琼

鱼沉雁杳天涯路，始信人间别离苦。

——戴叔伦

换我心，为你心，始知相忆深。

——顾敻

忆君心似西江水，日夜东流无歇时。

——鱼玄机

春来秋去相思在，秋去春来信息稀。

——鱼玄机

易求无价宝，难得有情郎。

——鱼玄机

相思似海深，旧事如天远。

——乐婉

若是前生未有缘，待重结、来生愿。

——乐婉

忍把千金酬一笑？毕竟相思，不似相逢好。

——邵瑞彭

人如风后入江云，情似雨余黏地絮。

——周邦彦

沉思前事，似梦里，泪暗滴。

——周邦彦

怒涛寂寞打孤城，风樯遥度天际。

——周邦彦

恐断红、尚有相思字，何由见得。

——周邦彦

瘦影自怜秋水照，卿须怜我我怜卿。

——冯小青

若问闲情都几许？一川烟草，满城风絮，梅子黄时雨。

——贺铸

断无蜂蝶慕幽香，红衣脱尽芳心苦。

——贺铸

疏雨池塘见，微风襟袖知。

——贺铸

花红易衰似郎意，水流无限似侬愁。

——刘禹锡

莫道桑榆晚，为霞尚满天。

——刘禹锡

沉舟侧畔千帆过，病树前头万木春。

——刘禹锡

明月楼高休独倚，酒入愁肠，化作相思泪。

——范仲淹

夜夜除非、好梦留人睡。

——范仲淹

年年今夜，月华如练，长是人千里。

——范仲淹

居庙堂之高则忧其民，处江湖之远则忧其君。

——范仲淹

人不寐，将军白发征夫泪。

——范仲淹

思君如明烛，煎心且衔泪。

——陈叔达

休言半纸无多重，万斛离愁尽耐担。

——陈蓬姐

妾似胥山长在眼，郎如石佛本无心。

——朱彝尊

钟情怕到相思路，盼长堤，草尽红心。动愁吟，碧落黄
泉，两处谁寻。

——朱彝尊

泪纵能干终有迹，语多难寄反无词。

——陈端生

还卿一钵无情泪，恨不相逢未剃时。

——苏曼殊

直缘感君恩爱一回顾，使我双泪长珊珊。

——卢仝

相思一夜梅花发，忽到窗前疑是君。

——卢仝

忽见陌头杨柳色，悔教夫婿觅封侯。

——王昌龄

谁分含啼掩秋扇，空悬明月待君王。

——王昌龄

但使龙城飞将在，不教胡马度阴山。

——王昌龄

情人怨遥夜，竟夕起相思。

——张九龄

念归林叶换，愁坐露华生。

——张九龄

海上生明月，天涯共此时。

——张九龄

不茶不饭，不言不语，一味供他憔悴。

——蜀妓

相思已是不曾闲，又那得、工夫咒你。

——蜀妓

花落花开自有时，总赖东君主。

——严蕊

谁料同心结不成，翻就相思结。

——夏完淳

殷勤花下同携手。更尽杯中酒。美人不用敛蛾眉。

——叶梦得

妆罢低声问夫婿，画眉深浅入时无。

——朱庆馀

看朱成碧思纷纷，憔悴支离为忆君。

——武则天

梅花雪，梨花月，总相思。

——张惠言

恨君不似江楼月，南北东西，南北东西，只有相随无别离。

——吕本中

暂满还亏，暂满还亏，待得团圆是几时？

——吕本中

闻君有两意，故来相决绝。

——卓文君

碧苔深锁长门路，总为蛾眉误。自来积毁骨能销，何况真红一点臂砂娇。从今不复梦承恩，且自簪花坐赏镜中人。

——王国维

当面吴娘夸善舞，可怜总被腰肢误。

——王国维

最是人间留不住，朱颜辞镜花辞树。

——王国维

残月脸边明，别泪临清晓。

——牛希济

红豆不堪看，满眼相思泪。

——牛希济

玉轮碾平芳草，半面恼红妆。

——陈子龙

雨下飞花花上泪，吹不去，两难禁。

——陈子龙

春日酿成愁日雨，念畴昔风流，暗伤如许。

——柳如是

总一种凄凉，十分憔悴，尚有燕台佳句。

——柳如是

忆从前，一点东风，风隔着垂帘，眉儿愁苦。

——柳如是

诗词曲赋，触动心弦

莫更伤心，可怜秋到，无声更苦。

——项鸿祚

何处合成愁，离人心上秋。

——吴文英

楼前绿暗分携路，一丝柳，一寸柔情。

——吴文英

池上红衣伴倚阑，栖鸦常带夕阳还。

——吴文英

薄命长辞知己别，问人生，到处凄凉否。

——顾贞观

纵豆蔻词工，青楼梦好，难赋深情。

——姜夔

夜长争得薄情知，春初早被相思染。

——姜夔

宜有词仙，拥素云黄鹤，与君游戏。

——姜夔

春未绿，鬓先丝。人间别久不成悲。谁教岁岁红莲夜，两处沉吟各自知。

——姜夔

翠尊易泣，红萼无言耿相忆。

——姜夔

238

莫似春风，不管盈盈，早与安排金屋。还教一片随波去，又却怨玉龙哀曲。

——姜夔

愁损翠黛双眉，日日花阑独凭。

——史达祖

天涯万一见温柔。瘦应因此瘦，羞亦为郎羞。

——史达祖

十二楼中尽晓妆，望仙楼上望君王。

——薛逢

长江巨浪征人泪，一夜西风共白头。

——宋琬

可怜闺里月，长在汉家营。

——沈佺期

斜月照帘帷，忆君和梦稀。

——毛熙震

明月照相思，也得姮娥念我痴。

——高鹗

远与君别者，乃至雁门关。

——江淹

君在天一涯，妾身长别离。

——江淹

春思乱，芳心碎。

——惠洪

群燕辞归鹄南翔，念君客游思断肠。

——曹丕

色不迷人人自迷，情人眼里出西施。

——黄增

不是鸟中偏爱尔，为缘交颈睡南塘。

——牛峤

春朝秋夜思君甚，愁见绣屏孤枕。

——魏承班

茂陵多病后，尚爱卓文君。

——杜甫

怅望千秋一洒泪，萧条异代不同时。

——杜甫

张弓倚残魄，不独汉家营。

——杜甫

正是江南好风景，落花时节又逢君。

——杜甫

迟日江山丽，春风花草香。

——杜甫

去凭游客寄，来为附家书。今日知消息，他乡且旧居。

——杜甫

已忍伶俜十年事，强移栖息一枝安。

——杜甫

国破山河在，城春草木深。

——杜甫

笔落惊风雨，诗成泣鬼神。

——杜甫

出师未捷身先死，长使英雄泪沾襟。

——杜甫

会当凌绝顶，一览众山小。

——杜甫

丹青不知老将至，富贵于我如浮云。

——杜甫

别裁伪体亲风雅，转益多师是汝师。

——杜甫

感时花溅泪，恨别鸟惊心。烽火连三月，家书抵万金。

——杜甫

窗含西岭千秋雪，门泊东吴万里船。

——杜甫

离恨又迎春，相思难重陈。

——和凝

扪萝正意我，折桂方思君。

——范云

我歌君起舞，潦倒略相同。

——陈师道

吾闻马周昔作新丰客，天荒地老无人识。

——李贺

角声满天秋色里，塞上胭脂凝夜紫。

——李贺

男儿何不带吴钩，收取关山五十州。

——李贺

晚日金陵岸草平，落霞明，水无情。

——欧阳炯

东风不为吹愁去，春日偏能惹恨长。

——贾至

海畔尖山似剑铓，秋来处处割愁肠。

——柳宗元

孤舟蓑笠翁，独钓寒江雪。

——柳宗元

千山鸟飞绝，万径人踪灭。

——柳宗元

歌里千重意，才欲歌时泪已流，恨应更、多于泪。

——杜安世

不愁屋漏床床湿，且喜溪流岸岸深。

——曾几

欲共柳花低诉，怕柳花轻薄，不解伤春。

——黄孝迈

料想故园桃李，也应怨月愁风。

——赵崇

眼底江山皆净域，毫端兰竹见灵魂。

——许乃钊

送君九月交河北，雪里题诗泪满衣。

——岑参

山回路转不见君，雪上空留马行处。

——岑参

忽如一夜春风来，千树万树梨花开。

——岑参

倚竹不胜愁，暗想江头归路。

——王之道

无半点闲愁去处，问三生醉梦何如。

——乔吉

世事茫茫难自料，春愁黯黯独成眠。

——韦应物

浮云一别后，流水十年间。

——韦应物

一声何满子，双泪落君前。

——张祜

西风吹老洞庭波，一夜湘君白发多。

——唐温如

醉后不知天在水，满船清梦压星河。

——唐温如

丹桂不知摇落恨，素娥应信别离愁。

——王琪

贞女贵徇夫，舍生亦如此。

——孟郊

自信者，不疑人，人亦信之；自疑者，不信人，人亦疑之。

——林逋

罗带同心结未成。江头潮已平。

——林逋

以谦接物者强，以善自卫者良。

——林逋

寄相思，寒雨灯窗，芙蓉旧院。

——吴文英

今年冷落江南夜，心事有谁知。

——萨都剌

君知否，是山西将种，曾系诗盟。

——刘过

欲买桂花同载酒，终不似、少年游。

——刘过

故人今在否？旧江山浑是新愁。

——刘过

只有梦魂能再遇，堪嗟梦不由人做。

——陆游

叹息老来交旧尽，睡来谁共午瓯茶。

——陆游

山盟虽在，锦书难托。

——陆游

僵卧孤村不自哀，尚思为国戍轮台。

——陆游

夜阑卧听风吹雨，铁马冰河入梦来。

——陆游

古人学问无遗力，少壮工夫老始成。

——陆游

东望山阴何处是？往来一万三千里。写得家书空满纸！流清泪，书回已是明年事。寄语红桥桥下水，扁舟何日寻兄弟？行遍天涯真老矣！愁无寐，鬓丝几缕茶烟里。

——陆游

山重水复疑无路，柳暗花明又一村。

——陆游

落花有意随流水，流水无心恋落花。

——释惟白

旋开旋落旋成空，白发多情人更惜。

——司空图

流光容易把人抛，红了樱桃，绿了芭蕉。

——蒋捷

海水尚有涯，相思渺无畔。

——李冶

若无子期耳，总负伯牙心。

——秋瑾

空惆怅，相见无由。从今后，断魂千里，夜夜岳阳楼。

——徐君宝妻

客里看春多草草，总被诗愁分了。

——张炎

往事迢迢徒入梦，银筝断绝连珠弄。

——王士禛

今为羌笛出塞声，使我三军泪如雨。

——李颀

纸屏石枕竹方床，手倦抛书午梦长。

——蔡确

秋风生渭水，落叶满长安。

——贾岛

三愿如同梁上燕，岁岁长相见。

——冯延巳

独立小楼风满袖，平林新月人归后。

——冯延巳

问渠哪得清如许，为有源头活水来。

——朱熹

等闲识得东风面，万紫千红总是春。

——朱熹

柴门闻犬吠，风雪夜归人。

——刘长卿

有约不来过夜半，闲敲棋子落灯花。

——赵师秀

欲将心事付瑶琴，知音少，弦断有谁听？

——岳飞

莫等闲，白了少年头，空悲切！

——岳飞

三十功名尘与土，八千里路云和月。

——岳飞

坐觉苍茫万古意，远自荒烟落日之中来。

——高启

了然知是梦，既觉更何求？

——齐己

窗外日光弹指过，席间花影坐前移。

——施耐庵

不傲才以骄人，不以宠而作威。

——诸葛亮

鞠躬尽瘁，死而后已。

——诸葛亮

如今已是愁无数。明朝且做莫思量，如何过得今宵去。

——周紫芝

数声鹈鴂。可怜又是，春归时节。

——蔡伸

纵使晴明无雨色，入云深处亦沾衣。

——张旭

诗成流水上，梦尽落花间。

——钱起

常时爱缩山川去，有夜自携星月来。

——方干

溪云初起日沉阁，山雨欲来风满楼。

——许浑

读书不觉已春深，一寸光阴一寸金。

——王贞白

只解沙场为国死，何须马革裹尸还。

——徐锡麟

姑苏城外寒山寺，夜半钟声到客船。

——张继

凭君莫话封侯事，一将功成万骨枯。

——曹松

春色满园关不住，一枝红杏出墙来。

——叶绍翁

沾衣欲湿杏花雨，吹面不寒杨柳风。

——释志南

人面不知何处去，桃花依旧笑春风。

——崔护

天街小雨润如酥，草色遥看近却无。

——韩愈

蚍蜉撼大树，可笑不自量。

——韩愈

欲为圣明除弊事，肯将衰朽惜残年。

——韩愈

采得百花成蜜后，为谁辛苦为谁甜。

——罗隐

夕阳西下，断肠人在天涯。

——马致远

盛年不重来，一日难再晨。及时当勉励，岁月不待人。

——陶渊明

海日生残夜，江春入旧年。

——王湾

春风得意马蹄疾，一日看尽长安花。

——孟郊

四序风光总是愁，鬓毛衰飒涕横流。此书未到心先到，想在孤城海岸头。

——韩偓

江水三千里，家书十五行。行行无别语，只道早还乡。

——袁凯

雨中鹊语喧江树，风处蛛丝飏水浔。开拆远书何事喜，数行家信抵千金。

——李绅

尺素重重封锦字。未尽幽闺，别后心中事。佩玉采丝文竹器。愿君一见知深意。环玉长圆丝万系。竹上斓斑，总是相思泪。物会见郎人永弃。心驰魂去神千里。

——赵令畤

美人晓折露沾袖，公子醉时香满车。

——罗隐

百川东到海，何时复西归？少壮不努力，老大徒伤悲。

——无名氏

浮生六十度春秋，无辱无荣尽自由。

——杨公远